Der Synästhesist und »Sein Tusculum«

August-Wilhelm R. F. Beutel

Der Synästhesist
und »Sein Tusculum«

Bibliografische Information der Deutschen Nationalbibliothek:
Die Deutsche Nationalbibliothek verzeichnet diese Publikation
in der Deutschen Nationalbibliografie; detaillierte bibliografische
Daten sind im Internet über http://dnb.dnb.de abrufbar.

© 2020 August-Wilhelm R. F. Beutel
Satz, Umschlaggestaltung, Herstellung und Verlag:
BoD – Books on Demand

ISBN: 978-3-7504-6742-2

Inhaltsangabe

A : Krieg, Kriege … 9

Buch I
Annäherungen 31
Meine poetische Quadratur des Kreises, 20
wortlos punktuelle Eingaben

Buch II Eins + Zwei 65
Der Schweigemarsch hin zum Wort
a) ich atme ein: z. B. Die Überbevölkerung!
Eine kurze Einweisung zu den folgenden Texten:
was mit Kant und Nietzsche begann: meine 170 Kurzhinweise:
(meine Epigramme) »Bevölkerung Mensch«.
Teil: zwei 113

Buch III 137
b) ich atme aus: Wort geworden dann: z. B. Das Irdische etc.!
Zwischen a + b Luft anhalten, das sind die Annäherungen,
die nicht auf der geraden Linie liegen. Und sie?
Sie bilden dann die drei Punkte Euklids, Momente, Leben zu
gestalten: z. B. Kreise.
Romantik/Realismus
Philosophie/Religion
Politik/Gesetze und Freiheit
Geschichte und Geschichten … der dritte Punkt auf der
nicht geraden Linie ist dann immer der Mensch!
B: Friede ist immer Vorstufe zum Krieg.
Also ran an die drei Punkte auf der nicht geraden Linie,
diesen Kreis ständig neu zu gebären auf dem Wege: Mensch,
seiner Vernunft/Verstand – und? – etc.

Ausklang   167
Nachwort   168

Bücherliste

Rainer Maria Rilke
»Die Sonette an Orpheus«
Suhrkamp (10437 Berlin)
Teil 2 Nr. I–XXIX (so auch in den Zitaten)

Rüdiger Safranski
»Romantik eine deutsche Affäre«
Fischer Taschenbuch (Frankfurt/München)
(RS-Sz.)

Heraklit
»Tusculum«
Herausgeber Bruno Snell
Artemis/Winkler Düsseldorf
Nr. seiner Fragmente (B 1 – B 129)

Karl Jaspers
Bücher des Wissens
I »Der philosophische Glaube«
Fischer Bücherei (KJ + Seitenzahl)
Seine 6. Vorlesungen nach dem Kriege: 1947!
II »Psychologie der Weltanschauungen« 1919

Meine Epigramme (für mich Sinn-, nicht Spottgedicht) sind so
angelegt, dass ich teilweise auf das Komma verzichte. Darum
diese, meine Form. Ich möchte den Fluss (an jenen Stellen)
nicht durch einen Beistrich unterbinden!
Ich bitte um Verständnis.

(x) Dieses Zeichen für Arbeiten aus früheren Werken:
unter dem Pseudonym Marcus Barrell.

Der Synästhesist

Meine Augen sind vergeben.
Jetzt wird es Zeit mit den Ohren zu sehen
und mit dem Gefühl das Leben
in Blick-Kontakte umzuwandeln. Im Gehen

das Rauschen der Blätter
ihren Gesang ins Auge einzubauen,
um über – die Irismatten – das Geschmetter
in Blickströme umzuwandeln. Schauen

als tiefste Sinnlichkeit
in die Netzhaut einzubauen.
Dieses Trinken der Blicke in der Poesie

in alle Sinne weltbefreit
ins Blau der Weltmeere zu vertauen
Sehen mit allen Sinnen zu begehn: WIE?

mit Deinen Sinnen
in der unendlichen Poesie …!

Krieg und Frieden

Brückenköpfe

Sie töteten sich.
Man stieß in die Armee
des Gegners vor, und schob so
Brückenkopf
auf Brückenkopf
in des Gegners Machtbereich.

Nur? …

man vergaß, dass
baue ich in andere Bereiche
Brückenköpfe ein, dann
entstehen – automatisch –
ganz geheim fürs dumme Volk
Brückenköpfe auf der andren Seit'.

Nur?
Das Töten wird dann übersichtlicher!

Meine poetische Quadratur des Kreises

Euklid (ca 367–283 v. Chr.), Mathematiker:
I »Ein Punkt ist, was keine Teile hat.«
II »Eine Linie ist eine Länge ohne Breite.«
III »Drei Punkte, die nicht auf einer geraden Linie liegen, beschreiben immer einen Kreis!«

Ich denke mir ein Quadrat, blase gedanklich hinein, so bekomme ich als zweite eine langgezogene Figur. Punkt drei dann eine ovale, da mit einem letzten Ausatmen sich der Kreis vervollkommnet.

Alles ohne Länge, aber die drei Punkte, die nicht auf einer gedachten Linie liegen, ohne Teile, bilden dann auf der glatten Fläche den Kreis.
Somit bleibt der Raum – m²-mäßig – gleich groß: gedacht – ohne Teile: und Quadrat und Kreis bilden räumlich eine Einheit.

I »Einheit ist, wonach jedes Ding EINES genannt wird.«
II »Zahl ist die Einheit der zusammengesetzten Menge.«

Das sind dann die unsichtbaren Atemstöße, die diese kleinen Flächen zusammenfügen.

An der Stelle bin ich gedanklich –wortlos – bei Rilke:
»Atmen, du unsichtbares Gedicht.«
Beginn Teil 2 seiner Sonette an Orpheus –

Meine Erkennungs-Melodie.

Das Zeichen BEUTEL, mein Name! Ahnenforscher fanden heraus. Alle sie, die diesen Namen tragen, das liegt in der Urzeit begraben.

Mit dem Netz in beiden Händen, und am Leibgurt befestigt war der BEUTEL für die gesammelten Pilze, Beeren, Nüsse, Kräuter usf.!

So blieb mir dieses Zeichen bis auf den heutigen Tag treu.

Schon fallen wieder die vielen Gedanken auf mich ein, unter diesem Titel – BEUTEL – geboren zu sein!

Ich zu Ich

»ich bin« ein Jäger mit den Augen: Friede.

»ich bin« ein Suchender im Wort nach mir: Verschwiegenheit.

»ich bin«, so glaube ich, noch ungeboren: Liebe.

»ich lebe« außerhalb der Zeit: bin ich noch tot?

»ich bin« der »reichste Mann« der Welt, denk ich an all mein
    Fühlen: SEHEN!

»ich bin« mit all dem Reichtum dieser Welt bestückt, ich lebe
    heut und hier!

»ich bin« zum Sehen für das Morgen mit der Liebe ausgestattet
    in all der Dunkelheit noch Licht zu sehen.

»ich bin« ein Jäger, »ich liebe«, also lebe ich.

    So fand ich mich: I c h!

Beutel
August-Wilhelm

Warum ich so und nur so schreibe:
Der Synästhesist.

(Phil. Lexikon) Synästhesie, gr. – die Mitwahrnehmung, die Doppelempfindung, in der neueren Philosophie (seit Fechner) die zwangsmäßige Verknüpfung bestimmter, durch die Reizung eines Sinnes ausgelöster Empfindungen mit Empfindungen aus dem Bereich eines anderen Sinnes …!

Somit erkläre ich mich – ab heute – zum Synästhesisten!
    Der Duden: Synästhesie, die, (rhet.) sprachlich ausgedrückte Verschmelzung mehrerer Sinneseindrücke! Sie ergeben mein Leben insgesamt.

Dieses Leben in Momentaufnahmen möge das in kürzester Weise bekennen! II. Weltkrieg, HH brannte. Flucht nach Mecklenburg: Dorfschule zwei Jahre. Zurück nach HH. Handwerk hat goldenen Boden. Vater, Großvater: Schornsteinfeger. Also, als 14-Jähriger hinein in die Kamine in Ruß und Asche! Gesangverein! Private Ausbildung am Abend. Träumend kleine Gedichte aneinandergereiht.
    Gesellenprüfung und Meisterprüfung: bestanden. Dann den Jugendtraum erfüllt. ein Jahr Italienisch gelernt, um ein halbes Jahr in Napoli Caruso nahe zu sein. Mit schwerer Gelbsucht HEIM!

Ehe? Es blieb ein Mädchen: meine Tochter. Dann kam mit Nietzsche die Philosophie: Mittlere Reife nachgemacht, um als offizieller Gasthörer für Philosophie an der Uni HH zugelassen zu werden.

O. K!: Also (von 1966 bis 1976) Gasthörer, mit Kant beginnend, bei Prof. Friedrich von Weizsäcker! Schwere Krankheiten warfen mich ständig zurück. Mit den Unterlagen zur Sonderprüfung der Uni HH, nach einem Parisaufenthalt dort Menschen unter der Brücke erlebt …! Ich sah mich bei Eis und Schnee über die Dächer laufen, und ich beschloss, *nur ein Poet zu sein!*

Um aber die Mäuler der Spötter zu stopfen, studierte ich VWL/BWL mit Abschluss in HH, und leitete den Nietzsche-Kreis Essen/München als geschäftsführendes Vorstandsmitglied.

Gesundheitsbedingt den Operngesang aufgegeben. Ins AKH Lüneburg stocksteif eingewiesen. drei Jahre Wanderschaft (Beruf), Schweiz Bern/Basel. Dort im Kunstchor und im Schweizer Fernsehchor tätig.

Zwischenzeitlich selbstständiger Handwerksmeister. In 4 Schriftstellerverbänden tätig: HH, Lübeck, Schleswig-Holstein und Stormarn.

Zu guter Letzt ein Stipendium aus der DDR (Leipzig), vom Johannes-R.-Becher-Institut. Mit dem Abschlussdiplom der Uni Leipzig.

Diese Mächtigkeit härtester Arbeit: Beruf, Musik, Lyrik, Philosophie, das geknechtete Ich, da merkte ich, nach der Pensionierung im Ruhestand, dieses Zusammenfließen der verschiedensten Sinnesrichtungen Philosophie/Religion-, Prosa/Lyrik-Arbeiter, und doch auch mit zwei Diplomen am Rande des Sprachraums zu stehen. Und ich stieß auf das Wörtchen SYNÄSTHESIE und spürte, wie die Wörter zu sprudeln begannen. Nur (?) mit dem Diplom aus Leipzig, damit schließe ich meine kleinen Hinweise, warum ich mich diesem Wort – eine kleine Um-/Neubildung, »Synästhesist« – hingezogen fühle, meine Sinneskreuzungen in meinen Epigrammen, Gedichten etc. zu verstehen. Damit also wieder hinein in meine Welt, dort, wo sich Arbeit, Musik, Studium der Philosophie,

VWL/BWL, die Hände geben, um im »Atem, das unsichtbare Gedicht« Rilkes meine Poesie zu weben.

Als Jäger und Sammler kehre ich HEIM in der Annäherung, ständig mir selbst Partner zu sein! Jeder Kreis ist zu öffnen, um Blickwinkel aufzulösen, die uns ans Wort fesseln.

Treffpunkt Wort, das sollt unser aller Hoffen sein:

»Krieg und Frieden« zu beenden, im gemeinsamen Atemholen EINS zu sein: *DA* zu sein, als Mensch – somit allemal.

Vorspann
Die Ansichten eines Synästhesisten

Dort, wo sich die Sinne im Kreisverkehr
auf die Diallele treffen, dort öffne ich

die Zeichen wertbefreit, um der
poetischen Quadratur des Kreises

Nord/Süd/West/und Ost mit Rilkes
»unsichtbaren Atem« diesen einen Schritt

der Öffnung, mir zu vollführen
frei zu sein. Aber?

Jedes Frei spürt in sich gebunden
ein tieferes Unfrei auf.

Und doch will ich gesunden, wenn
dieses gleichseitige Viereck

sich den Sinnen hingegeben
in eine neue Einheit sich verwandelt:

Der Kreis! Der zarte Hauch, ohne Teile
ohne Breite, nach Euklid genannt

er bewirkte nur die Zahl der zusammengesetzten
Menge in den Einklang zu bringen

dort, wo Licht und Schatten
den Tag gestalten. Wo Tag und Nacht

sich vereinen, in der Atemlosigkeit
diesem pulsierenden Luftgebaren

den Alltag umzuwandeln. Er wird Zahl.
Und an den Berghängen blinzeln die Sinne

atemberaubend dir, jeden einzelnen Blick
nur als einen Teil zurück.

Spiegelbild deiner wortlosen Seele
die hier das Bild dir in die Hände gibt:

zu schließen! Welcher Sinn soll erhoben werden?
Teil und doch eines zu sein. Das

ist hier nicht die Frage. Hier wirft die Willkür
ihre Schatten in die Nacht hinaus:

und du zählst, oder träumst deinen Traum
zu Ende, als Synästhesist in allen Sinnen

dieses Spiel der Sinne zu vereinen
Spiel im Sinne (Syn) in die Hand zu nehmen

dieses – Syn – wie mein tägliches Puzzlespiel
Krieg und Frieden, als besiegt, zu besingen.

Mein Vermächtnis

Es kam der Tag, da
waren meine Hände Sonnen.
Dunkelrot verfärbte sich
mein Wort. Augen funkelten
in meinem Blut, das Selbst
erkannt zu haben. Im
Licht gebar das Nichtwort

sich in Fragen um. Ich
verstand. Alle Schatten
dieser Welt sind die Skelette:
Menschen. Im Widerschein ergab
sich die Verbrüderung des Seins
das Geben aus dem Selbst
muss neu belebt dem Blute

Auge geben, damit das Antlitz
Mensch in sich noch weiterleben kann!

Einklang

Dort, wo Kreis und Quadrat Einheit werden
löst sich jedes Wort hin zur Diallele ...

Dort wird der Reim zum Sonett »Der
Atem, das unsichtbare Gedicht« Rilkes ...

Dort, wo die Seele blauäugig sich zu erkennen gibt
halte ein; es wird dein eigener Atem sein ...

Dort, wo das Licht den Kegel erdrosselt, zu sehen
beginnt das Wort sich aufzulösen ...

Dort, wo du vor deinem Atem auf und ab
stolzierst ein Held zu sein ...

Dort stell für Momente das Atmen ein:
Quadrat und Kreis reichen sich die Hände ...

und Rilkes »unsichtbares Gedicht«?
wird irgendeine Zahl, ein Abzählreim:

ich atme ein und blühe auf, ganz klein
das Moment erkannt: doch Mensch zu sein.

A

<u>Krieg</u> … <u>Kriege</u> …!

Aufbruch

Manches Haus wurd abgerissen: Krieg!
Zerschossener Aufbruch. In
den Höhlen schien das Morgenrot
am Himmel Aufbruch zu sein.

Hamburg brannte lichterloh.
Bis Mecklenburg leuchtete der Schein.
Und Mutter sagte immer froh:
»Vater ist daheim! Er hütet das Haus!«

Wir Kinder spielten. Eltern weinten:
Getrennt! Und das Morgenrot
war selbst am Abend im vereinten
Beisammensein ein tausendfacher Tod.

Der Gedanke fürs neue Morgenrot?
Und ich wende, wende, und komme
doch zu keinem Ende
denke ich ans Morgenrot …!

Die Quadratur des Kreises
Meine poetische einfache Lösung

Nehme ich meine unendliche Parallele (z. B. Teile davon, dann ist das gedachte Quadrat nach allen Seiten geöffnet) und vom Punkte A (Standpunkt) nach vorne, dann laufen die Linien im Endpunkte B zusammen. In der umgekehrten Richtung (Rückblick) dort kommt das entgegengesetzte Bild zustande.

Wähle ich jetzt den gedachten Mittelpunkt (A) und blähe ihn auf (poetisch betrachtet), dann ziehen sich die Punkte (A–B) auseinander und bilden somit zuerst eine ovale Figur, dann – beim weitern Aufblasen I–IV – ergibt sich somit meine poetische Form der Quadratur des Kreises! Rilke: »Atmen, du unsichtbares Gedicht«. Somit wird der aufgeblähte Blickwinkel in IV zum Mittelpunkt dieses poetischen Kreises.

Die Geschichte der Menschheit blies und blies, bis Sokrates uns zur Einheit gebot: »Ich weiß, dass ich nichts weiß.« Und er stand am Rande dieser Blählinie, seine Randerkenntnis, die Möglichkeit zu geben, über die eigenen Grenzen des Erkennens und des Nichterkennen: nachzusinnen.

Da aber die Elite Hellas' sich dieser Schranken nicht bewusst machen wollte, konnte, durfte etc., somit verwarf man sein Sinnen zur Gotteslästerung, der Jugendverführung, Aufrührer usf. und richtete ihn!

Er aber richtete sich im Grunde selbst! Er blies weiter in dieses Quadrat (Gesetz) und die Winkel Ost/West/Süd/Nord an der Grenze der Dehnbarkeit angelangt: Er blies, mit der Annahme des Schierlingsechers, nochmals in die »Quadratur meines poetischen Kreises« und er ließ dieses Wunder eines menschlichen Wort-Bildes platzen! *So* ergab sich endständig

Euklids Punkt, er, der keine Teile hat, und die Linie ohne Länge, ohne Breite!«

Heute bläht die Menschheit mit der Überbevölkerung ins gesamte Bild des Kreises … (Erde) ein; und keiner will's gewesen sein – wenn Es, das Bild, Sie (die Erde), usw. *platzt.*

Viele Menschen halten schon (heute) die Luft an, um den »blauen Planeten«, diesen beblümten Kreis, noch lange in dieser »unendlichen Parallele, der Quadratur meines poetischen Kreises zu halten.«

Positiv gesehen: z. B. Gründüngung, Reinhaltung der Luft, der Bäche, Flüsse, Seen, Meere usf.!

Negativ: z. B. die Überbevölkerung. Weiter dann die Überdüngung der Äcker, die Ertränkung mit Gülle und Pestiziden und anderer Dinge mehr.

»Meine poetische Quadratur des Kreises« ist nur der Aufruf unsere Sinne zu schärfen, in kleinsten Ansätzen aufzuweisen, was Sokrates vor 2000 Jahren uns ans Herz legte, unsere Grenzen zu erkennen und die aller Welt sichtbar zu machen; damit der Mensch nicht irgendwann im Ewigkeitskalender als Krebsgeschwür der Mutter Erde, des Blauen Planeten, ausgerufen wird …!Wir sind auf dem *Wege* …!

Der Synästhesist

»Synästhesie, die, (med.) Mitregelung eines anderen Sinnesorganes bei Reizung eines anderen, (sprachlich) ausgedrückt, Verschmelzung mehrerer Sinneseindrücke!«

Und wenn es IHN, den folgenden Namen, noch nicht gab, dann bin ich dieser Typus: der »Synästhesist«, einfach ein Wesen, bei dem die äußeren und inneren Sinne sich paaren, um wortlos den Atem, »das unsichtbare Gedicht« (Rilkes), auch wortlos sichtbar werden zu lassen. Wie?
In der Annäherung! Das, durch die Generationen hindurchgeschleifte, menschliche Wort; die Sprache, sie soll es bringen.

Wir nähern uns an, Wort bei Wort. Und keiner wird des Anderen Atem sein Eigen nennen können, das ist die sokratische Meinung: leider nur EIN Wort. »Ich weiß, dass ich nichts weiß«, damit drückte er genau das aus, was dieser Synästhesist in der Auflösung seines geringen Wortschatzes, zu denken, in der Annäherung, das Gleichmaß Mensch, nicht zu überschreiten. Denn der »Wille zur Macht« ist das gleiche dubiose Wort wie Nietzsches »Gott ist tot!«

Benennung, so wird das Große Rund »Sprache« am Wort – in sich – vorbeigeführt zur Verschmelzung mehrerer Sinneseindrücke: miteinander! Und sein »Gott ist tot!«, dort besteht der gleiche Zusammenhang, nicht am Wort zu kleben, denn dort gehen wir gesetzesgetreu in gleicher Annäherung vorbei!

Also »hinein ins volle Menschenleben«, und sei's zuerst im Wort als Merkmal die Grenze zum »unsichtbaren Gedicht« nicht im Wort lösen zu wollen … in der Annäherung allein können wir uns gegenseitig im Wort an jener Art und Weise erfreuen, unsere Grenzen ohne KRIEGE zu benennen! Sie zu erkennen, mit dem Wissen des anderen »Willen zur Macht« Nietzsches kleine Kriege zu erkennen, sich in die Waagerechte zu bringen, um sich zu verstehen, und somit –in Annäherung durchs Wort – dann auch den Anderen.

Denn? … das Göttliche, ob Christ, Moslem, Indianer, Buddhist usw., das wird durch Annäherung »wortlos« erfahren.

»Amor fati«, liebe, lebe dein eigenes Schicksal! … auch das ist Krieg, nur mit dem Unterschied, diese Auseinandersetzung findet aus dem Selbst heraus statt: Wort bei Wort. Das ist Nietzsches »Willen zur Macht«, diese kriegerische Auseinandersetzung mit dem Selbst.

Hast du das erkannt, endet dieser Krieg, um wortlos dann aus diesem Frieden neue Kräfte zu schöpfen: für all die Kriege, die wir Menschen tagtäglich für uns entscheiden müssen: Wort bei Wort, in der Annäherung Mensch zu sein … und mehr nicht …!

So bin ich, ein »Synästhesist«, Friede und Kriege miteinander zu verbinden! … zum Wohle der Menschheit insgesamt …! Und dafür brauchen wir das alte Wunder Sprache, das Wort: weltweit.

Rückblicke

Ich sehe meinen Lehrer: noch heute!
Dritte Klasse HH, im ausgebombten Schulgebäude!

Mit dem Kreidefelsen malte er einen Punkt
an die Tafel. Und im nächsten Moment

löschte er ihn wieder! »Punkte gibt es nur in
Gedanken.« »Ein Punkt ist, was keine Teile hat.«

So Euklid, der alte griechische Mathematiker.
Und trotzdem malte er Linien an die Wand:

die Tafel. Ich habe dieses damals nicht begriffen.
Der Punkt an der Tafel. Er ist ohne Teile

ein luftleerer Raum! Das war der Einstieg
in die Mathematik. Ich konnte mich erst

viel später mit diesem Gedanken vertraut machen.
Warum und wieso? Das blieb an der leeren Wand.

Und doch malte er ständig neue Punkte an die
Tafel: Der gedachte Punkt blieb als Kreidekreis

an der Tafel. Und wir zählten die Punkte gemeinsam
Tag um Tag, Jahr um Jahr:

bis zur Konfirmation. So zog ich aus
und baute mir das unsichtbare Pünktchen auf: zuhauf.

Der Punkt war da! Und er blieb bis auf den
heutigen Tag! Nur? Heute sehe ich ihn

tagtäglich in den sinnlosen Wörtern, die
im Sinn-Lächeln durch die Bildschirme

geistern. Sie erinnern mich an die Kindheit,
dort, wo man die Punkte löschte, um zu glauben.

Das Glauben blieb! Die gedachten Kreide-Kreise
an der Tafel, sie formte man in Wörter um.

Sie begannen Gesetz zu werden. Und nur der
Mächtigste malte seine Punkte in das Zeitgeschehen.

Wer wollte so die unsichtbaren Punkte verstehen?
Heute verstehe ich sie schon, sie, diese Punkte.

Und alle sie, die sie verinnerlichen: zu ihren
Gesetzen, Vorschriften, Glaubensrichtungen etc.!

Nationalsozialismus fiel mir ein! Ich war Kind
und viel zu oft allein mit diesem kindlichen Reim!

»Atmen, du unsichtbares Gedicht«, auch
so ein Punkt, er blieb Bestand in der ARENA.

Dann war ich im Wort, jenem Hort,
der mir die Punkte in die Sinne legte

in allen Kreisen Synästhesist zu sein
2500 Jahre zurück, und doch voraus!

Tusculum

Wo einst Heraklit seine Königsämter an seinen
Bruder abgab und sich selbst im Tusculum,

seinem trauten Heim, diesen 7., 8., usw. Sinn
in seine Kreise, unsichtbar, wie der Punkt

in Wörter umzugestalten, um mit Menschen
sich austauschen zu können, jenseits, und

doch diesseits in der großen Arena Rilkes
»Atem, du unsichtbares Gedicht«.

Jetzt erst verstand ich die Tafel meiner Kindheit
und den unsichtbaren Punkt, den ER, der Lehrer,

versuchte, mit dem Kreide-Kreis als Punkt
diese Verbindung zwischen Wissen und Glauben

zu verdeutlichen. Und schon bin ich in seinem Wort:
B 10/ »Zusammensetzungen sind Ganzes und

Nichtganzes, einträchtig Zweiträchtiges, Einstimmend-
Missstimmendes, und aus allem eins und aus

einem alles!« Das Wort ist nichts anderes als dieser
Kreidekreis (Punkt) an der Tafel, im Buch, in den Journalen:

Zwischen den Neuronen und Synapsen pendeln diese unsicht-
baren Atemzüge hin und her, auf und ab, unausgesprochen,
denn

diese Verbindung: Punkt, Nichtpunkt im Wort,
diesem Einzelwesen im Näherbringen aus »allem EINS
und aus EINEM alles« zu machen. Im Worte dann
steht vor mir wieder der alte Lehrer aus meiner Kinderzeit.

Erinnerung an Hamburg vor 1943

Aus der Erinnerung verfing sich wie ein leichtes Sehnen
hinein in all das Raunen, das der Wind
im Heulen und Zerschlagen angerichtet
mich zu sehn. Der Klingel-Gaukelspiel,
die Sirenen zu enteisen, um Hamburg
von der lichten Seit' im Sonnenschein zu sehn.

Verdrängung, sie gebar den Lichterkegel, um
die meine Kindheit bombenträchtig
in die Seele schreien ließ: »Alarm, Alarm!«
Und Kinderbeine hasteten in feuchte
dunkle Kellerräume: Vergangenheit
ist Teil der Zukunft allemal. So

erinnert sich die leidgeprüfte Kinderseele
an Mord und Totschlag als Begrüßung
eine Welt aus Stein, sie, die zerschossen, Schutt
die ganze Stadt in Trümmern fallen sah.
Aus der Erinnerung ist manches Lächeln
doch geblieben, wenn Vater, Mutter offenbarten mir:

»Das ist der Krieg, doch bald wird alles wieder
schön und friedlich, hell und rein in Hamburg sein!«
…doch die Erinnerung an '43 blieb …!

Ich? Kriegskind von Nöten

Friedrich Nietzsche schrieb sein Buch
»Jenseits von Gut und Böse«.
Die alten Inder erinnern an den Fluch:
»Macht euch frei vom Paar (dem Getöse)

der Gegensätze!« Und ähnlichem Gedröhn!
Der Führer sprach vom Sieg:
»Ein Volk braucht Raum!« Dieser Föhn
verwüstete aller Gegensätze Traum: KRIEG

blieb den Verdammten. Menschverachter:
so verloren sie in den Gräben Leben
auf Leben, der Schlachten Mord.

Zu töten »gut und böse« als Umnachter
der Norm, dem deutschen Volk, Tote zu geben?
Im Jenseits aller Andacht: mein menschliches Erröten!

…als Rapport …!

Quell des Lebens

Eingegrenzt mein Leben, so mein Sein
das Werden. Dieses unbekannte Wesen, ich
im großen Rund ganz still, allein.
Allheit im Wort, begrenze mich.

*

In der différance des Lichtgebärens
türmen sich die Zwischenräume auf
Teil der Ewigkeit zuhauf.

*

Unbegrenzt. Ganz wortgebunden
so begrenzt der kleine Ort
den Fall. Die Differenzen sind gefunden
in Allheit sie zueinander steh'n.

*

Die Lichtgeburt den neuen Tag
im Werden zu verstehn?
Die große Kraft zu überwinden:
den Quell des Lebens seligst zu begehn.

Buch I

Annäherungen

Das unendliche Plagiat: Das Wort!
Ich = ich, so spricht Fichte, und er versuchte
das unglaublichste Plagiat zu entmenschlichend
zu entwörtern: Das Ich.

*

Ich? ein Milliarden-Plagiat. Die Menschheit
der Erde wird mit diesem Wort – Ich – verhöhnt!

*

Und doch!
Die unerschöpfliche Quelle, sie bleibt – das Wort –
wie ich mich auch wende.

*

Wahrheit ist das Auge, das zurückschaut, um
irgendwo ein Voraus auszumachen: für sich!

*

Und als ich das Irdische vergaß? Da blieb
das Rinnen, geheilt im eigenen Zeichen: Wort!

*

Subjekt und Objekt geben sich die Hände: und die
EINE davon, sie schreibt Ich, damit das

Milliarden-Geplänkel ein System, in die Diallele
einzugeben, dort, wo sich Ich im Ich plakativ
in den Kreisverkehr einreiht, sich durch
Zeichen verständlich zu machen: obwohl
es Plakate sind.
Subjekt = die EINE Hand A. Objekt, die andere
Hand B! A, das bin ich. B, das bin ich auch. Aber?
A ist für B unabkömmlich, Hand in Hand
das Symbol für = ich bin DA! A schreibt, und B
nimmt nur auf.
Im Getümmel? Dort reichen sich beide
die Hände. Jetzt kommt die unsichtbare Hand
hinzu, die im C-Bereich vereint, um A und B
zu vereinen, dass selbst C eine zweite Hand
benötigt: die Vernunft … den Verstand.
Und als ich das Irdische vergaß? blieb
das Rinnen, geheilt im eigenen Wort!

*

Wieder lag der Stein – ein Wort – am Boden.
Das rasche Wasser wusch ihn rein.
Unter dem blendend dunklen Soden-Sand
lagen die Wurzeln, blasser als je zuvor:
…ich atme ein …!

I KJ 47 / Aus Dritte Lesung »Der Mensch« (Zitate)

BEDA erzählt von der angelsächsischen Ratsversammlung über die Frage des christlichen Glaubens, im Jahre 627. Einer der Herzöge verglich das Leben der Menschen auf Erden mit dem Aufenthalt zur Winterzeit. »Mitten auf dem Herde brennt das Feuer und erwärmt den Saal, draußen aber tobt der Sturm. Da kommt ein Sperling herangeflogen und durchfliegt sehr schnell, an der einen Tür hinein, an der anderen hinaus, den Saal. Hat er den kleinen Raum, wo es angenehm ist, durchflogen, so entschwindet er und kehrt, aus dem Winter kommend, in den Winter zurück. So ist auch dieses Menschenleben nur ein einziger Augenblick! Was ihm vorangegangen und was ihm folgt, wissen wir nicht!«

Warum ich diesen kleinen Absatz für mich als so wichtig empfand? Dieweil es mit der Sprache, dem Wort, dem Einzelnen genauso passiert. Ist es über den Lippenrand hinaus, dann ist diese Einheit, hier z. B. das Wort deines Einwandes, schon durch den Raum »Verstehen« hindurch. Es entschwindet diese Einheit und ein anderer Vogel durchquert das Gespräch … den Raum …!

Vor dem Zelt dann sind wir wieder in unserem Nichtwort eingebunden und wägen die Rahmenbedingungen ab, diesen Flug der sich verständigenden Annäherung zu wiederholen, um diese heimelige Wärme des Verstehens, »Verstehenwollen«, erneut, ständig neu aufzunehmen.

Gleich so beim Wort! Es gibt ein Vorher und ein Nachher, aber die ganze Wärme des Wortes ist wie der Durchflug: durch die Milliarden Synapsen und Neuronen. Und immer wieder liegt das eine Wort auf dem Tisch, dasselbe, handgeformt auf dem weißen Blatt:

Der Glaube und DAS Glauben als jene Wahrheit im Widerruf, die in der Zukunft selbst die Wurzel verändert.

So flieht die blanke Maske in die Winde. Wort an Wort wird Fabel, eine Sage, und am glorreichen Ende stellst du dir die eine Frage: Ist der Durchflug für den Herzog vor Ort der Augenblick, das Menschenleben, dann wird aus diesem Durchflug durch die Halle, Raum, Teil der Ewigkeit, sein Leben. Aber? Dieser Augenblick, am Feuer, das den Raum erwärmt, wird Moment-aufnahme, Teil des Augenblicks, diesen Wärme-Moment als die Heimat – Sprache – in diesen Augenblick aufzunehmen: ge-wärmt, heimelig! So formt sich Wort an Wort zum Kern diesem Augenzwinkern, das Wunder, »Schillers Sprache«, jene Wärme mit auf den Weg zu geben, vor und nach der Tür, dem Hallen-Ende noch jener Reichtum sich der Menschheit offenbart.

Diese Momente des Durchzugs – Leben –, sie bilden mir die Einfachheit, am offenen Herdfeuer die Wärme, trotz Winter-kälte als in Zeichen aufgeschlüsselte Worte aufzugliedern EINS + EINS = EINS, als Masse, aber auch als Einheit zu verstehen. In dieser Annäherung besteht die Möglichkeit mit der eigenen Sprache ständig: aufeinander zuzugehn. Nietzsche fällt mir dabei ein:

»Ja ich weiß woher ich stamme
ungesättigt gleich der Flamme
glühe und verzehr ich mich.
Licht wird alles was ich fasse
Kohle alles was ich lasse
Flamme bin ich sicherlich!«

Am Herdfeuer treffen wir uns. Viele Wörter bleiben liegen: unverbrannt. Die Flamme, die uns band, war das Verstehen, erkannt zu haben. Die Kohle, sie, These, Poesie, die liegen blieb, das war der Weg zum Leuchten, auch wenn uns die Vernunft sagt, dass man die Flamme des Anderen nie zu 100 % erfassen kann.

Das Wunder liegt in der Begrenzung, dieses zu erkennen. Asche bleibt der Flamme Glut. Darum lasst uns gemeinsam den Menschen benennen.

Glaube und Glauben sei dein Mut
das Wort aus dem Innersten hervorzuheben.
Aschereste als Dünger für die Feldbestellung
auf den Mist zu werfen, damit der Dung.
an der Stelle das Korn im Roggenfeld zur
Flamme: LEBEN wird, und uns reich beschenkt …!

Widerstand

Wie sag ich's meinem Kinde
das nicht schwarze Rillen auf
schwarzem Grund erkennen kann.

Wie sag ich's dem Volk, das befreit
vom Frieden und vom Krieg, ich
nicht weiter leben kann.

Wie sag ich's dem Weibe, das jenseits
von Hass und Liebe
ich geboren bin: zu sein!

Wie sag ich's dem Feinde
dass ich ihn brauche
um Mensch zu werden.

Wie sag ich's dem Freunde, dass
ich ihn brauche, um zu ermessen
wo die Wahrheit eine Grenze hat.

Wie sag ich's meinem Kinde? Und
ich spürte, der einzige Weg zu ihm
ist es: Kind zu sein …!

Und ich sah das Wortlose Wort
werden, und Blüten wieder Knospen,
und riesige Bäume: Spross!

Wie sag ich's meinem Kinde, dem Volk
dem Weib, dem Freund, dem Feind?
Da fiel mir ein: Ich hatte alles schon längst gesagt.

Ich müsste jetzt nur noch EINS,
mich verstehen, und ich begann
wieder Kind zu sein!

Auch der Schrei in der Masse ist ein Wort

Punkte bleiben liegen
zerstreut am Hemisphärenrand.
In den Gedanken begannen seine Wiegen
bis Vielheit sie zur Einheit band.

Das Sehen sollen wir neu erlernen
so er, der Philosoph.
Aufwachen in den fernsten Fernen
das ist der Gedanke: Vorhof

das Tageslicht in die Nacht einzugliedern.
Somit zu singen das uralte Lied:
vom Säugling an, in der Mutter Liedern

zu spüren den Sang, zu befiedern.
Den Himmel zu erstürmen: Ich mied
das Licht …– zu grell der Störenfried.

Ich beginne mit den Erkenntnissen aus meinen letzten Thesen, dort, wo sich der Philosoph Karl Jaspers mit Rilke vereint, ich betrachtete. Ich beginne hier mit dem Philosophen Sloterdijk: »Der Philosoph und der Dichter betreten von entgegengesetzten Seiten dieselbe Arena. Auf diesem Schauplatz wird gesagt, wie es im innersten Sinne um die Welt steht.«

Ich fragte offen, wohin gehen sie, verlassen sie die Arena? Darüber gab er keine Auskunft.
Es trafen sich zwei Philosophen in derselben Arena: Jaspers und Heidegger.
Die Philosophie war hier der »Nationalsozialismus« in dieser Arena.
Jaspers, mit einer Jüdin verheiratet, wurde durch Heidegger »nationalbewusst« aus dem Amt der gemeinsamen Arena Philosophie hinauskatapultiert!

Treffen sich zwei Philosophen in diesem Rund, müsste nach Sloterdijk einer sich als Poet ausgeben, um gemeinsam, Seite an Seite, für das EINE, den Menschen, zu kämpfen, um sich und die Umwelt zu verstehen.

Heraklit, ca. 2500 Jahre früher, sagte schon: »Es gilt wach zu sein, um die Rätselhaftigkeit des Kosmos zu verstehen, um die Doppeldeutigkeit dieser Welt, die doch EINE ist, zu begreifen …!«

Dilthey: »Das Verstehen setzt ein Erlebnis voraus und das Erlebnis wird erst zu einer Lebenserfahrung.«

Wilh. von Humboldt:
»Die Sprache und ihre Verschiedenheit müssen als eine die Geschichte der Menschheit durchwaltende Macht betrachtet werden!«

Ich betrete diese Arena als Poet, um über einen Philosophen, Karl Jaspers, gemeinsam das EINE, den Menschen an sich, zu begreifen.

Das Ende meines Suchens wurde hier, an dieser Stelle ein Neubeginn!

Was dabei herauskommt? Ich weiß es von diesem Moment, wo ich diese Zeilen niederschrieb, selbst noch nicht.

»Zu guter LETZT« ist dies
das eine Mahnmal, um zu gesunden
Sprache ungebunden
das Atemfass zu umrunden.

Da stand ich auf
nahm die Feder wieder zuhauf
in alle Hände und schrieb
ganz wortlos meinen Reim:

seid auf der Hut
denn jedes Wort
hat seinen eigenen KEIM.

Neuanfang in derselben Arena.

Karl Jaspers, ab 1947 wieder im Diensten der Philosophie. Er blieb in Deutschland, seine Frau wartete in der neutralen Schweiz auf das Ende dieser Arena: II. Weltkrieg.

Seine Vorlesungen 1–6 aus seinem Buche »Der Philosophische Glaube« beschränkten sich bei mir hier auf Nr. 5, »Philosophie und Unphilosophie«, und Nr. 6, »Die Philosophie der Zukunft«.

Unphilosophie, damit öffnet sich die Arena Religion im tiefsten Sinne meines Wortverstehens.
Philosophie und Unphilosophie sind im Grunde nach Heraklit: Das Eine des Gesamten.
 Ich gab die Kategorien auf. Und schwups, waren sie wieder da. Wie bei F. Nietzsche, als er sein Werk »Jenseits von Gut und Böse« herausgab.
 KJ101 / »Doch stößt Philosophie an Grenzen, wo ein Denken und ein Leben geschieht, in dem die Glaubensursprünge preisgegeben zu sein scheinen, ohne welche die Philosophie ihren Gehalt verlieren muss!« »Dieses Denken nennen wir Unphilosophie, wenn es als Philosophie auftritt, sich als Philosophie versteht, von anderen als Philosophie anerkannt wird. Unphilosophie wendet sich im Grunde von Philosophie gegen Philosophie.«

Das Problem ist nicht das Wort Philosophie, sondern die große ARENA Mensch!
 Hier treibt man seine Spielchen mit, so wie ich es bezeichne, mit »DER Glaube« und »DAS Glauben«. Fern der Kategorien von Gut und Böse wird DER Glaube wortlos, und DAS Glauben, schließt Wissen/Nichtwissen als Einheit ein: wissend/unwissend zu glauben … wahr zu sein!

Und wer gerade an der Macht ist, verweist auf seinen WORT-Gott: Diese Arena meine ich nicht, das ist das Schlachtfeld Krieg: Mensch gegen Mensch!

Hier entscheidet das Kapital, ebenso wie der Kommunismus, die Kirche von Religion zu Religion, die Macht der Obrigkeit, die die Parolen ausgeben: zu glauben! Die Politik? Sie gehört zur Unphilosophie, sie setzt! ... um irgendwann, abgesetzt, neue Gesetze zu erlassen: WÖRTER!
KJ101 / »Der philosophische Mensch verwirklicht sich im Überwinden der ständig gegenwärtigen Unphilosophie in ihm selber.«
Selbst das Wort beginnt
die Wörter zu öffnen.
Erkannt ist der Begriff bedingt
sich zu regen, die Karten neu zu verlegen.

*

Das Maß aller Dinge ist die Quasisprache Religion
die in Mußestunden den Geist soll gesunden ...
Die Hände öffnen sich, sie geben die Arena frei.

*

So gesehen, kann viel geschehen vom Widerspruch
bis hin zum Mord.
Der Chor der Masse verflüchtigt sich, so
in allen Arenen: gleich!
Mancher geht, um zu atmen so seine eigenen Wege
um die Stetigkeit der Belange, irgendwo
als Ausschuss »Stege bei Stege« aus- und einzuatmen,
die Strenge der Vielfalt zu regeln.

*

Da sprach der Philosoph zum Philosophen, Deutschland ist die Macht der Welt. Und? Der eine ging schwofen, nur um in stiller Zweisamkeit unmittelbar wahrer Philosoph zu sein im Reich der POESIE. Ich weiß nicht wie, aber er, der andere, schrieb seine Thesen zwischen Bombenhagel und innigem Beten seiner jüdischen Frau in der neutralen Schweiz. Seine »Psychologie der Weltanschauungen« begann wohl so ihre Runden. (1919 schon …!)

Jedes Fragen ist ein Suchen?
ich sage Nein! Das kann nicht sein

denn das Suchen selbst
stellt alle Fragen
nach dem Fragen ein!

Also kann die Frage allein
nie ein Suchen sein.

Gefragt ist demnach schon gefunden
sonst würde man nicht fragen.
Hier endet die Frage, im Suchen, eingestellt.

Nicht jedes Fragen ist ein Suchen, denn
die Frage selbst stellt sich anheim
im Gefunden zu fragen: Wann
stellt das Fragen das Suchen ein?

Hier wird das Suchen selbst zur Frage
da jede Frage – ein Gefunden – darstellt.
Sonst würde man nicht fragen.

SEIN und Sein im Werden: Über Märchen zur Wahrheit

Spiegelbilder/Frühlingsahnen

Jedes Zurück ist auch ein Voraus!
So steh ich vor dem Tor: geboren!
Die Hände geöffnet, wie
Großvater, wenn ER über die Felder schritt
die Wanne vor dem Bauch, Dünger
über Keime verteilend. Diese Bilder
nehme ich ausgeträumt mit, in

die neue Zeit. Abgeschlossen jene Träume
Kindheitsschäume, Jugendzeit. Erste Liebe
wird zum stillen Hort, eingeschlossen
unterm Reif des Winters, mit dem Schrei
Kälte zu durchbrechen, im Wort
mit dem Teufel zechen, für
die Saat, die mich erkennen ließ.

Jedes Zurück ist auch ein Voraus:
mein Lächeln für das Wort Arkadia!

…Der Schein …

KJ 102 / »… der Unglaube lebt im Schein in vereinzelten Realitäten in Weltbildern!«

In der Arena Philosophie/Unphilosophie setzt jener Machtkampf ein, Glauben als Unwissenheit zu entblößen!
Der, der wahrhaft glaubt, sein Glaube sei dem Worte Wissen zugeordnet! Er, der Gläubige, beginnt zu weinen, um jene Kraft, ewiger Wortschatz, im Schweigen, in die Welt hinauszuschreien: Sein Wissen überwindet den Glauben mit der Unphilosophie!
   Wehe dem, der dort im Wort zu überzeugen versucht, Glauben zu widerlegen. Er, das vermeintliche Ringen, Wahrheiten weltlich zu besingen, er, so, den Schluss – den Akkord Seelenleben überhört. Sein Wort ist das Echo seines Selbst, das der Unphilosoph sehen mag. Aus seinem Echo, er, die Antwort als wahr selbst nie und nimmer ablegen kann. Sollte er seinem eigenen Echo die Macht der Wörter entziehen, er müsste schweigen. Das Echo spricht wahr, denn es ist DA!

***

Wissen ist und bleibt, wie Nichtwissen auch, zuerst ein Wort ein Begriff, eine Art und Weise, wie wir Menschen uns an Benennungen herantrauen, die in sich nur Gelöbnis sind, sich mitzuteilen.

***

Beide Begriffe wurzeln in dem Begriff: Zeichen!
Griechisch: Kyklos, der Kreis! In diesem Rund ist
die Person die Lichtgestalt, die jene Grenze uns Menschen
aufweisen möchte, wo uns, selbst durch das Wort,
Grenzen gesetzt werden …!

Jedes Wort, es ist zerbrochen
hin zur Daseinsfrage, um
mitnichten vom Zeichen zu berichten
das auf einem Friedhof stand:
ein Kreuz, ein Block Granit
um zu vernichten das, was
uns vom Leben blieb: die Seele!

Seele, dieses Wort mag wörtlich klingen.
Dieser Begriff bringt mich zum Schwingen
all die Täler zu durchleuchten, die
am Tage Nachtgestalten, Übelkeit
zu hinterfragen. Sehen zu verstehen
das, was längst Vergangenheit auf dem Asche-
Wagen und aufs Feld hinausgefahren.

Seele ist die Einheit eines Sich-Gedenkens
sich für alle Zeiten zu beschenken:
Nur? Im Wort allein ist die Substanz
ein JETZT, ein unerfüllter Augenblick
der in Nähe oder auf Distanz
kehrt jedes Wort in sich zurück.

So kam ich HEIM: Keim an Keim
als meine neue Blüte: Wort!

»Dämonologie und Menschenvergöttlichung« fallen als untergeordnete Titel in seine fünfte Vorlesung ein, wie das Echo, dem man die Berge nehmen muss, um den Widerhall: Wahrheit, dieses Wort war wahr, zu entlehnen, abzustellen.

Wenn der Philosoph den anderen einfach als Unphilosophen abstempeln will, weil er's muss etc., um mächtig sein Echo zu durchdringen, dann muss er nur seine Berge davor bauen, um das andere Echo abzufangen.

Das wäre Menschenvergöttlichung ohne es selbst zu erkennen. Zum Abschluss gibt man dem Dämon ECHO die Schuld, da man nie begreift, Urheber aller Echos selbst zu sein. Aber? Wer sieht das am Ende ein, selbst der Dämon in der Unphilosophie zu sein!

Ich gehe die gewundenen Pfade
im Glockentone Echo
im Endlos-Gestade
des Erkennens auf und ab. Und so
verbringe ich mich anzuklagen.
Echo im Abgrund Weltenschlund
als nicht/wahr aufzusagen
wie das Gebot aus jenem Mund
der sich nie die Fragen
selbst gestellt: Der Diallele Rund
nimmt auf das, was wahr.
Das Echo ist des Wortes Mund.
Widerspruch? Nein, ich würde
selbst nur Echo meines Echos sein.

Meine Sinneskreuzungen sind dem Ich angegliedert. Nach der zehnten OP in Folge, der Jahre drei, letztendlich, teilüberwunden, zu guter Letzt dann wieder mich zu sehen: Ich zu Ich!

Es folgen zweimal sechs Epigramme mit einem kleinen Abschluss: Annäherung!

Mein 50. Buch, begonnen mit Selbstverlag und Pseudonym »Marcus Barrell« übernimmt jetzt der Synästhesist die Annäherung einer Gesamtbetrachtung LEBEN.

...meines Lebens: wohlgemerkt.

Sinneskreuzungen

Und ich ging die Straße des Vergehens
Schritt für Schritt
über alle Zeit hinaus.

Da bemerkte ich zum Selbst-Erstaunen
ich war schon lange nicht mehr ich
in diesem Wort: oh Graus.

An das Gestern angeknüpft
verbluten dort die Tage
jene, die ich lusterfüllt

mir an die Wangen knüpfte
um zu sehen: Ohne Frage
fiel das Licht herein, begüllt

war das Außen-Ich:
trat auf das Pedal
einzuatmen, wortlos das Vehikel

das man Ich nennt: allerorts.
Und es blieb mir das Verstehen
um den Berg herum zu gehen, den Pickel

in das Eis hineinzuschlagen.
Die Gipfel Ich = Ich zu hinterfragen.
Dort, wo die Hand beginnt, die das Licht

mir freigibt, die Geburt zu ahnen.

II

Den Gipfel erreicht
»alle Straßen enden«
»ich weiß, dass ich nichts weiß«

legt mir ein Blütenblatt
in den Mund, bekleidend so die Zunge
jenen Kreislauf endlich zu beenden

dort, wo der Kannibale einst den Nachbarn
frisst, da mit Mensch bei Mensch
die Erde ausgepflastert … (2020) …

sich im Selbst verliert aufgestanden zu sein
ohne zu bemerken, zu Ende ist schon lang
der Weisheit Grundlatein: Mensch zu sein,

sich selbst angebetet zu haben.
Das Wörtchen Gott ist allerorts mir als Floskel
nur ein Wort! Wahrer Glaube – wortlos –

ist die tiefste Tiefe, alle Wortnuancen zu beenden,
einzustanzen in die Lichtidee.
Das, was uns die Ewigkeit erhellt

ist kein Text, das Nichts ins Licht zu erheben!
Sich hineinzugebären? Dazu braucht man
das menschliche Edikt: »Den Willen zur Macht«

befreit vom Angesicht der Zeit.

III

Da saß ich armer Tropf, vor dem großen
Wörtertopf. Ob Moslem, Christ, ob Manitu
oder Zoroaster, beendete das Laster

in allen Ewigkeitsgestalten, mein Wort
herumzuhalten. Ich nähere mich heran
das Wortgehabe auszuschließen als

die Schlüsselfrage, die das Verstehen
löscht, den Titel Sehen: Die Geschichte.
Und ich begann mich anzunähern

aus der Wortlosigkeit, den einen
Satz zu formen außerhalb aller Normen
die Blüten an einem Baume zu bestaunen.

Und alles das, was göttlich war in meinem Atem,
gebar ein altes Wort. DER Glaube beblüht
das Wolkenheim! DAS Glauben ist

der Welten Macht als Mensch allein, im Wollen
gottähnlich zu sein! Das Abc begann zu keimen.
Kein neues Wort am Horizont, denn

DER Glaube wird allein stets wortlos bleiben
in der steten Annäherung: wortlos zu wissen!
DAS Glauben ist die Wort-Moral …

… Menschgesetz. gegeben …!

IV

Über das Wort, das Zeichen, nähern wir uns an,
dem Anderen zu lauschen. Und was geschah?
Man brachte für Nihil, Ewigkeit et cetera

im Stilgebaren Zeichen an den Himmel: gemalt,
die im Titelgepräge Auflösung bringen sollten.
Gott, in allen Religionen: Unsichtbares, unbekannt:

Bleibendes = Nichts? und doch Wurzelformel für Macht
und Eitelkeit; Sokrates nochmals an das Gift
heranzubringen, seine Beschneidung der Erfassbarkeit

des Nichts in menschliche Kennzeichen einzubringen.
Seine Warnung war: »Ich weiß, dass ich nichts weiß.«
Und er beschnitt damit im Worte – jenen Kreis,

der im Gepräge aufmachen sollte, den Menschen auf
dem Markte, der Jugend Lauf, die Begrenztheit
der Benennungen auszurufen. Nietzsche schrieb

einfach: »Gott ist tot!« Und der Seiltänzer
rief es vom Seil herab: »Ihr und ich haben ihn getötet.«
So entmenschlichte er nicht DIE, die wahrhaft Gläubigen,

die in Art und Weise fremd sich in die Seele gaben, um
einem neuen Gott zu fronen? Nihilismus war
die Dämonenchiffre und spöttelte denen, die wahrhaft

gläubig ihre Unendlichkeiten im Innersten bewahrten.

V

Wenn wir ALLE Gottes Kinder
bin ich nur das Blatt am Baum
Gänseblümchen-Idylle in Omas Wiese.

Sie, die gemäht dem Vieh das Heu vermacht
den Winter zu überstehen. Ich bin Rose,
Weinrebe im Quellgebiet der Seligkeit:

ein Bach, dann Fluss, danach das Meer
und der Erde Ball als Symbol, in jener Hand
löst mir die Ewigkeiten auf: nur Mensch zu sein!

Erdenbürger ist so ein geliehenes Zeichen
ein Titel aus dem Bauch heraus, das Ich zu gebären:
Kind dieser Ewigkeit zu sein, indem ich DA war

Lichter zu trinken, aus der Knospe Jugend
dem Alter ein Lächeln abzuringen
nicht von Wörtern hintergangen zu werden.

Die poetische Quadratur des Kreises, Benennungen
als real zu erkennen, im Angesicht jener Unendlichkeit,
die nicht im Wort zu fassen. Das Nihil blieb als

Gepräge, ein Symbol: ob Iggdrasil die Weltenesche
oder anderer Prägung das Unendliche zu beschatten.
Licht wird dir, schließt du ganz menschlich aus:

Du wirst selbst zum Schatten, um das Licht zu verstehn.

VI

Das Übermenschliche zu erfassen? Dann
rede mit dir in deinem Wort, im stillen Kämmerlein
denn das, was Sokrates als Grenze des Sinnens uns erwies

als deine Kraft – dein Limit – anzuerkennen.
In der Annäherung allein gebärt die Knospe
dir den Atemzug, dir als Mensch ganz nah zu sein.

Zuerst platzt das Wort, dann das Quadrat, das aufgeblasen
Kreis dir vor deinen Sinnen. Dann bist du dir
den einen (1) Schritt nähergekommen:

Dir ganz nah zu sein? Der Kreis ist gelöst.
Der Ballon Wort fällt sanft in sich zusammen.
Und in der Hand ein einzelnes Wort: welches?

Ich weiß es nicht. Aber? Es wird deines sein –
ganz allein. Auch wenn es wortlos dir erscheint.
Das ist die Selbsterkenntnis …

Die Wortwahrheit dir wird wahr … im?
ich war DA!

… ich atme aus … ich atme ein.
Dazwischen? Mag's ein Wörtchen sein.

1-6

Zu neuen Abc-Ufern

Das Gewesene wurde Wahrheit
Tag: aus – Tag: ein …
die gleiche stete Bitterkeit
im Ich ein Selbst zu sein!

Und die Gedanken – sie schwinden
im Wahren dahin.
Als Jüngling unter den Linden?
Nichts hatt' ich im Sinn.

Im Alter dann – die Thesen zerronnen –
gebar sich die Wahrheit einfach als Zeit.
Gut und Böse – sind

in Einheit versponnen.
Ein neues Nihil steht uns allen bereit
als nackte Wahrheit: ein Kind …? Nein!

… nur ein neuer Kategorienbeginn …!

2

Poetische Folgerungen

Jedes Wort
ist eine Maske.
Jeder Ort
wird zur Taste.

Jeder Sonnenstrahl
ist mir der Gegenzweck den Tag zu küren
bis zum tristen Marterpfahl.
Der Sinn, die Sinne zu verführen?

Ich dachte. Dachte ich wirklich?
So wand sich manches Wort in die Spirale
floh aus dem rechten Eheglück

in das Einmaleins-Getöse. Es wich
der Sonne Strahl in dem Regale
und warf mir Wort auf Wort zurück.

… und ich denke immer noch an Glück …!
Wort dem Worte!

3

… Atommüll/Natur …

Noch wachsen mir ein paar Haare auf der Brust.
Ob das der Rest vom Affen war, der mir blieb?
Als Kind hockte ich gerne auf Bäumen, mit Lust,
ist das die Rückschau, zum Affen der Trieb?

Da las ich ein Buch, und ich sah das Grunzen
der Paviane im Zoo, sich um Futter zu streiten.
Ich zählte im Geldbeutel meine Unzen
und wollte als Mensch der Wege schreiten.

Da fragte ich mich, könnte es sein, dass
der Affe immer noch in uns wütet,
das Leben aus dem Affeneinerlei zu gestalten?

Da schlug ein – der Blitz in einen Baum. Ich vergaß
das eingetütete Atom, das wohlbehütet sei
im Menschengeiste, es menschlich zu verwalten …

… die Natur: Mensch zu sein!

4

Affe/Mensch

Das Licht der Straße schreit:
»Seid auf der Hut!«
Meine Stille ist bereit
den meinen Atem wieder gut

per Hand aufzunehmen.
Den Affen entthronen?
Der menschlichen Gräuel sich zu schämen:
so das Naturgesetz: Ikonen …!

Doch es blieb der Mensch, der besonnen
im Latein-Trapez
Kampagnen, er, als göttliches Wunder …!

»Erwarte das Unerwartete, sonst wirst du
es nicht finden.«* Das Subjekt/Objekt-Gesetz:
Mensch und Affe doch nur Plunder?

---

*   Heraklit

5

Wogen, Wellen ... Sein und Zeit!

Ich glaube zu wissen:
Am Rande der Galaxis
das Sternenbanner zu hissen
aus der gegebenen Praxis

gleich der Milchstraßen-Galeere
das Boot dem Selbst zu überlassen
in der nächtlichen Hemisphäre
Glauben im Wissen zu erfassen?

Dem tiefsten Sinnen vom Meinen
»der Sturheit Licht erlegen«
dem Wissen sein Eigen zu zeigen.

Ich weiß, ich glaube dem Reinen.
Das weiß ich von mir – verwegen.
Mein Wissen sei der Musen Reigen!

... da wachte auf das »unsichtbare Gedicht!«

6

Übergänge

Anfang und Ende.
Mauern fielen.
Es gab die Wende.
Und doch schielen

alle zum Himmel auf
der sich sternenlos gab.
Ein Nichts entstand. Im Lauf
der Gezeiten schauen sie ins Tal hinab.

Man hatte vergessen
den Kopf zu erheben.
Demnach ist das Sternenmeer

nur dann zu ermessen
wenn du kopferhoben siehst das Leben.
Das Gegenteil ist: folgenschwer.

… Krieg als Töten zu verstehen …!

Annäherung 1 und 2: Ende Teil I

Meine Poesie ist
nur »Wörter bewegen«
Licht und Schatten anzuregen.
So der Stoff im Dunkel liegend
sich im Sonnenlichte wiegend.

Poesie ist so im Grunde
Medizin für Kranke und Gesunde.

Einheit liegt alleine im Erkennen
Glanz und Leiden zu benennen:
denn die wahre Poesie
die erkennt man wahrhaft nie …

wenn man nicht im Aufwärtsblicken
in dem tiefsten Lust-Verzücken
mit den Füßen erdig bleibt
all die Sinne einverleibt:

Mensch zu bleiben wie, im Grunde, Sie
»Moll und Dur« im Angesicht der Poesie!

(Für E.)
2

Am Rande des Verstehens

Du bist das Licht in meinen Augen
wenn
die Schatten länger werden.

Du bist die Glut in meinem Herzen
wenn
der Abend dort in meinem Innern
sich
mit Kälte kündigt an.

Du bist das Lächeln meiner Seele
wenn
der Schatten Kälte in mein
Licht hineingebärt.

Du bist nur ein Wort
und doch, du bist da!

Buch II

Über die Bevölkerung – Zur Überbevölkerung

Das Ende meines Suchens

Der Philosoph Karl Jaspers: »Wenn ich frei sein will, muss ich meine Herkunft in mein Selbstkonzept integrieren.« Somit begann ich: über die Bevölkerung zu sprechen.

Sie ist im Grunde Grundidee meines Suchens, aus diesem ÜBER herauszukommen. Nicht um besser sein zu wollen, nein, um »Das Ende meines Suchens« damit zu krönen, gefunden zu haben.

*

Viel fand ich nicht. Aber das, was ich fand, war der ganze tiefste Reichtum, das Selbst zu küren.

*

Aus der Masse heraus Einzelner zu sein.
Die Quasisprache der Musik in allen Facetten
durchlebt.
Es blieb, das Licht zwischen all den Noten,
die irgendwann sich in Wörter umbildeten, zu leben!

*

Meine Einführung in meine folgenden 170 Epigramme (Sinn-, nicht Spottgedichte): Sie sind keine Wahrheiten, keine neue Religion, sie sind einfach nur Schritte hin und zurück! Wohin? Darum meine kleinen Anregungen, über Wort und Worte zum Wunder Sprache so (Schiller) zurückzufinden, um DIE Verständigung zu suchen, nicht die Kühe mit ihrem Methan-Ausstoß für die Überbevölkerung unsrer Mutter Erde anzuklagen!

Also beginnen wir dort, dort, wo wir noch Kinder waren, unsere Sprache neu zu ordnen!

Das ist mein Weg im Alter, ständig neu zu beginnen, vielleicht doch noch irgendwann der Menschheit Keimling jenes Wesens Mensch gewesen zu sein, das die Sehnsucht Sprache in die Arme nahm, um über den Anderen damit sich selbst besser verstehen zu können!

So begann mein Traum auf den Schultern Heraklits, weit voraus und auch zurück.

Was mit Kant, Nietzsche und anderen Philosophen begann, mit Heraklit war der Weg sehr weit zurück, bis ein Voraus seltsamster Art sie ALLE in Einklang bringen wollte.

Sein Tusculum, die 130 Fragmente, gaben mir die Blicke frei, weit voraus und doch weit zurück – zugleich – zu schauen.

Ich, ein Synästhesist*, der die Sinne bindet, weil das Leben sie windet ein, oder auch trennt.

Meine Epigramme (Sinn-, nicht Spottgedicht), sie schauen ständig : voraus und auch zurück.

Heraklit möge es mir verzeihen, sein Tusculum (für ein »Alter

---

* Synästhesist (meine Ableitung von Synästhesie): dort, wo die Sinne (Syn) gr. zusammenlaufen, »These-/Antithese zur Syn- These!«

ruhiger Landsitz«) mir mein Alter mag befrei'n, in seiner Erin-
nerung anzuknüpfen, seine Gedanken von aller Zeit befrei'n.
Dafür unser aller Dank: zurück und auch weit voraus.

In diesem Sinne steige ich von seinen Schultern herab, um wieder in meinen kleinen poetischen, philosophieangehauchten Epigrammen meinen ruhigen Landsitz, daheim, zu erfinden.

Meine Welt ist summa summarum ein Mosaik aus jener Gedankenwelt, die vom Wort als Symbol das Bild meiner Gedankenwelt aufrundet, zu erkennen, dort, wo die Worte enden, um eins zu werden mit dem, was die Synapsen in der Verformung der eingepeitschten Zeichen, Benennungen usw. hervorbrachten, gesetzt wie auch ungesetzt, am Rande von Vernunft/Unvernunft dem Verstand zugemutet werden kann.

Philosophie und Religion/Krieg und Frieden ergeben Gleichungen, die der Form nach nie ein Wort ergeben … und doch, sie sind da, und damit müssen wir uns dann auseinandersetzen.

Mein Alter, den II. Weltkrieg überstanden, als Kind. Jetzt beginnen andere Kriege, die (so ich) nur mit Vernunft und Verstand beigelegt werden können.

Heraklit soll mir ein neuer, alter Anfang sein. Darum der Titel meines kleinen Buches »Mein Tusculum« in steter Erinnerung, für kurze Zeit sein Schüler gewesen zu sein.

Das Schweigen hin zum Wort, Teil eins.

… ich atme ein: z. B. die Überbevölkerung.
(B 40/41) »Vielwisserei lehrt keine Vernunft; sonst hätte sie Hesiod belehrt und Pythagoras, auch Xenophanes und Hekataios. Denn das Weise ist das Eine: den einsichtsvollen Willen zu verstehen, der durch alles hindurchsteuert.«

In diesem Sinn bedeuten mir diese (meine) 170 Epigramme, auch Fragmente, wenn Sie, liebe Leserschaft, es wollen, eine Gesamtheit, dort, wo jede Zeile, in sich, innen wie außen als Selbstgeburt, die Sprache als dieses Wunder aufzusuchen, um Einzelnes aus dem Vielen, und das Viele aus dem Einzelnen herauszulesen, um gemeinsam, nicht weise, aber Mensch zu werden.
Also, in diesem Sinne, einatmen; und dann los. Zeile für Zeile vieles und doch Einzelnes …!

Eine kurze Erklärung zu den folgenden Texten. Warum? …
Teil eins, meine 170 Epigramme: Anlass: TV September 2019
Beiträge A, B, C.

A

»Eine 73-jährige Inderin und ihr 80-jähriger Ehemann bekamen, bei künstlicher Befruchtung, ein Zwillingspärchen.«

B

Kühe auf der Weide stoßen so viele Abgase (Methan) aus, dass man – heute, 2019 – Bedenken äußerte, sie in der Masse zu minimieren. Gefährdung des menschlichen Lebensraumes etc.!

C
In Amerika gingen Tausende auf die Straße und bezeichneten
all die Frauen, die abtreiben, als Mörderinnen.

Jene Drei Anlässe A–C nehme ich mir zu Gesicht und zu Herzen allemal, um sie nicht in Verstand und Vernunft einfließen zu lassen, denke ich an die Überbevölkerung unserer geknechteten Mutter Erde.

1

Epigramm 1 (E 1): Wann setzt beim Menschen die Vernunft ein: auf die Straße zu gehen, um mit Vernunft und Verstand *zu verhüten*?
Sie bräuchten dann nicht mehr auf die Straße zu gehen. Es gäbe keine Mörderinnen mehr.

2

Vor 80 Jahren gab es 1,8 Milliarden Menschen auf der Welt, so mein Klassenlehrer: damals.

3

Heute zählt man diese Menge schon per Erdteil auf.

4

»Wir brauchen mehr Fleisch, mehr Korn, mehr Sojabohnen« usw. So dröhnt es tagtäglich über die TV-Kanäle …!

5

Warum fangen wir nicht mit der Verhütung an, um endlich vom Affen und kirchlicher Doktrin uns loszueisen … mit Verstand und Vernunft Mensch zu werden?

6

Schon geht der erste Priester wieder an die Front und spricht,
über Gott, zu ihnen, ihren Glauben hochzuhalten, um zu sie-
gen.

7

Diese Reduzierung der Menschen ist gottvertreten, eine Hei-
lige Handlung, Masse zu reduzieren?

8

Gewonnen! Jetzt sind wir in der Masse bei der Wahl zur Ge-
rechtigkeit, dem Glauben treu, wahrhaft: heilig sie zu nennen?

9

Bei 1,8 Milliarden Weltbevölkerung, da war der Ausstoß der
Oxydgase bei den Kühen ganz normal.

10

Wir roden den Wald; 2019 einen ganzen Kontinent bis rauf
(so sei es geplant) nach Alaska!

11

Mit 83 Jahren, in dieser Zeit, 2019, Kinder, auch noch auf
diese Weise, zu zeugen, das spottet jeglicher Beschreibung.
Aber irgendjemand macht sich wieder Kapital daraus … ganz
menschlich: wie gehabt! … Und die Kinder? Die zwei? …
Menschen im Einerlei!

12

In Indien, in früheren Zeiten, so spekuliere ich mir einmal ein Spott-Epigramm ans Tageslicht.

Hungersnöte trieb die Menschen, irgendwo an Fleisch heranzukommen. Man schlachtete Kühe ab, serienweise.

Da man damals noch keine Kühlschränke besaß, brachten diese Keime, klimabedingt, Seuchen über Land und Leute.

Da ging man an das ungeborene Kalb heran, da es ja noch keimfrei im Mutterleib schutzbefohlen war.

Da bemerkte man den nächsten Konflikt: Die Milchkühe starben dahin. Die Milch wurde an der Schmerzgrenze unbezahlbar, und wieder Seuchen!

Was macht man da? Man sprach die Kühe heilig. (Meine Annahme aus dem Zirkelschluss heraus.)

Noch heute laufen sie heilig auf den Straßen herum, und keiner wagt sie auch zu schlachten, obwohl »heute« Kühlschränke vorhanden sind!

Das Spiel der Spiele nahm seinen Lauf: 80 Jahre weiter werden es 20 Milliarden Menschen sein? Vielleicht ein paar weniger oder gar mehr?

Dann schickt wieder ein Geistlicher seine Schäfchen in den Krieg ... mehr zu dieser Konsequenz? Nein, mehr sage ich dazu nicht, denn ich war Kriegsdienstverweigerer, aber nicht der Vernunft Entfremdeter, der sich so seinen Reim darauf machte.

Im Sinne der Religion bin ich sicherlich ein Ketzer, über das Nichts dem Nihilismus Nietzsches »Gott ist tot!« mit einer krausen Stirn gen Himmel zu schauen! Warum? Um irgendwo Menschen zu sehn ... das wäre schön!

13

Der Philosoph Dilthey sagte einst, »die Blüte ist die Frucht des Baumes, die Frucht selbst gehört nicht mehr dazu!«

14

Somit ist der Samen des Menschen nicht mehr des Menschen, seiner, Frucht?

15

Der Gedanke zu lieben, sich sexuell zu verbinden, ist demnach nur Ausschüttung, Öffnen der Knospe in eine Gedankenwelt, die sich Eigentum, zum Selbst sich einreiht, außerhalb der Blüte: Liebe, nichts Eigenes im Samen mehr erkennen kann.

16

Ist der Aufbruch, Knospe, zur Blüte die ganze unbändige Kraft, Licht zu verschenken: Ballast abzuwerfen?

17

Der Gedanke ist damit die Knospe. Die Verkündigung zur Kindgeburt ist damit dann schon die Quintessenz, als Ergebnis, das Wesentliche beim Knospentrieb in der Vereinigung — nur – das Abstoßen von Fremdkörpern, die sich als Eigenge-

wächs verbinden mit anderen Blüten, als neues Selbst sich zu
binden.

18

»Die Blüte selbst ist die Frucht des Baumes«, so sprach der alte
Philosoph und gab damit des Geistes Samen feil!

19

Wenn ich so die Überbevölkerung der Erde als unkontrollierte
Missachtung der Früchte des Geistes (Vernunft, Verstand) be-
trachte, dann sehe ich wieder die 73-jährige Inderin, die mit
künstlichen Eingriffen ein welkendes Gedankengut zur Un-
fruchtbarkeit, per Kaiserschnitt, sich der Blüte ermächtigte,
die jeder Knospe fremd sich dem Selbst verspöttelt: Leben? …
Nein! Zuchtergebnis!

20

Meine Hände sind gebunden, mich tiefer mit diesen Blüten
zu beschäftigen, da diese Art, die eigentliche menschliche
Vernunft, mich verließ, dieses gewollte Blühen als menschlich
abzutun!

21

Was kann die weibliche Rinderdame dazu, dass ihre Blähungen
vermaßt der Menschheit Schaden bringen sollten, und wir, der
Schöpfung Höhepunkte, Blüten, Eigentümer des Geistes, mit
all der Gier nach Macht und Glorie, Diltheys Früchte, so in
den Wind die göttliche Gedankenwelt hinausblasen?

22

Zwei Milliarden Menschen, da war noch göttlich das Wesen Kuh, dann machte der Mensch sie heilig. Jetzt geht man in die eigenen gewollten Flächenbrände, in die Blüte selbst hinein, man maßt sich an, gottähnlich zu sein …!

23

Die Barrikaden sind abgeworfen, der Samen wird blind in die Welt hinausgespritzt, um Gott zu beweisen – annähernd –, er selbst zu sein. Man ist auf dem Wege?

24

Aber? Nihil, das Nichts, bricht jene Knospen auf, die das Menschsein in ein Licht erheben, Blüten durch den Wolf zu drehen, als Experiment.

25

Sehen ist nicht mehr das menschlich körperliche Geblüt, das Wesen selbst in seiner Blüte dem Geiste der Vernunft zuzuführen.

26

»Licht wird alles, was ich fasse,
Asche alles, was ich lasse
Flamme bin ich sicherlich.« (F. N.)
So warf ein anderer Philosoph seinen Samen
die ganze – seine – Blütenkraft in das Wort hinein.
Zu Asche verbrannt, die Reste des geistigen Aufbegehrens,

uns das Erkennen – Leben als Mensch – Blüte an Blüte ins
Licht zu geben, die Symbolfigur des Selbst, Adam und Eva
überwunden, die eigene Blüte, beglückt, zu befrei'n.

27

Wer geht auf dieser Straße, mordende Blüten zu entlarven?

28

Das Kirchenlatein ist wortgegeben ein völlig anderes, philoso-
phisches Streben, gottgewollte Blüte zum Eigentum hochstili-
sieren, selbst Gottgebet zu sein: Kriege zu initiieren.

29

Noch lange ist, in meinem langen kräftezehrenden Leben, mir
der Samen schwergefallen, ihn als nicht mehr mein Eigen zu
benennen.

30

Das Licht ist das Außerweltliche! Der Schatten ist die Konse-
quenz, die Knospenöffnung als das eigentliche unverstandene
Göttliche anzunehmen: zu denken, zu handeln, als mensch-
liches Wesen, sich im Geiste zu benennen.

31

Kategorien ergießen sich über Raum und Zeit. Schon die alten
Inder in ihrer »Bhagavad Gita« sprachen sich frei: »Macht euch
frei vom Paar der Gegensätze.«

32

Im ichbetonten Konsortium »Licht und Asche« als Weltsymbol zu betrachten, da wird dieser Gedanke an sich welk, da er selbst mir eine neue Kategorie entstehen ließ: »zu wissen/nicht zu wissen!«

33

Somit erhob man selbst die Knospe in das Licht, dass sie, in den geschlossenen Lücken, noch gar nicht erblühen konnte.

34

In der Sonne –angesichts dieses Blinzelns am Morgen – öffnet sich mir – kategorienbefreit – ein Außenvor von Lichtgestalten, obwohl noch gar kein Licht zu sehen war.

35

Ich gehe hinein in das Labyrinth des Morgens. Dort öffnet sich, wie von selbst, ich mag es kaum erwähnen, der Tag, die Nacht überwunden, dieses Blinzeln der Sonne, ständig eine Wiedergeburt altgeträumter Einfachheit, Mensch, in der aufbrechenden Knospe einfach Selbst zu sein.

36

Und abends dann, der Nacht entgegen, von neuen Knospen, Gedankenblitze, den folgenden Morgen mir selbst entgegenzubringen.

37

Jetzt, im Sonnenblinzeln, am Morgen, erlebe ich die grasende
Kuh im Morgenlicht als ein selbstständiges Blütenöffnen, fern
aller machtentblößten Blütenmacht. Erstickt, selbst (als 73Jäh-
rige), weiter die Wiese Menschheit zu erdrosseln, in der Über-
zahl noch Überzahl zu zeugen ... 20 Milliarden? + 2!

38

Wir züchten Würmer, um nicht an das Embryo der Kühe
heranzugehen, um nicht zu verhungern.

39

Wann geht man auf die Straße und züchtigt alle sie
als Mörder, der Blüte Mensch, alle sie, die in dieser
Zeit 2019/20 Kinder gebären: ungezählt.

40

Geistige Kastration im Sinne Leben zu gestalten, keine Knos-
pen anzusetzen. Auch der Baum *gibt* in einem Jahr, reichlich
überladen, im nächsten Jahr ein karges Antlitz ab, was die
Früchte anbetrifft.

41

Das Atom ist so eine Blüte, menschgegeben. Obwohl Atom
doch ganz natürlich, weltweit, überall in Knospen schlummert,
als Kraft der Pflanzen, dem Menschen in sich mitgegeben.

42

Aber? Was macht der Mensch? Er spaltet das Wesen Blüte und sitzt jetzt mit dem Blütenrest, dem Atom: Müll-Entsorgungs-Prozess!

43

Sie schauen sich im Spiegel an, und suchen Zwischenlager für das, was sie gespalten: Da sie wissen, Endlager gibt es nirgends. Es sei denn, man setzt …!

44

Die Natur setzt alles das, was Laub und Blütenwelken ist, zu neuem Leben um; nur die Blüte Mensch weiß nach dem Knospenöffnen nicht so recht, warum!

45

Sein und Zeit ist so eine Parabel, Glanz dem Licht zu geben: Wort bei Wort!

46

Sein ist ein Atom von Zeit, und Zeit ist nur, den Müll in Wörter einzuschweißen, das, was als Restmüll abgestoßen wird: ein Brückenkopf der Rangelei, Zeichen zu formen.

47

Die Zeit soll sein im Sein, das ist, die atomare Verklärung nach der Spaltung aller Grenzbereiche in die Wortspirale eingewunden zu haben.

48

Klar wurde mir Sein und Zeit, sie bilden das unsichtbare Atom,
eine Einheit, die ganz einfach man mit Wort und Wörtern
trennt.

49

Jetzt suchen wir die Endlager auf, diese Kategorie: nur um im
Sein, daheim, noch bombenfrei, zu sein!

50

Heraklits ruhiger, heimeliger Landsitz, kurz sein
Tusculum, ist jetzt meine Herausforderung mit der Zeit
im Sein auf Du und Du, im Ich daheim zu sein.

51

Seine 130 Fragmente, aus jener Zeit, die uns in die Jetztzeit
hinübergerettet, gibt uns orakelhaft sein Sein, mit jener Zeit
zu verbinden, die als Orakel sich in die Köpfe der damaligen
Wesen einfraß, königlich seine Texte zu lesen.

52

Wie viele Übersetzungen schweben durch Raum und Zeit.
Ich fand sein Tusculum, eine kleine Broschüre, als mein kleines
Sein, wenn auch das kleinste an sich, in seinem Zeitgeist ange-
kommen war, zu sein: Ich schaute zurück und doch weit voraus!

53

Ich gehe noch einmal – minimal – auf den Klappentext ein.
Mit Kant schaute ich weit voraus. Mit Nietzsche noch weiter,
dann.
Mit Heraklit schaute ich weit, weit zurück und doch so endlos
weit voraus. Als ob hin und zurück ein und derselbe Weg.

54

»Diese Lehre hier, ihren Sinn, der Wirklichkeit hat, zu verste-
hen, werden immer die Menschen zu töricht sein, so, ehe sie
gehört, wie wenn sie erst gehört haben.«
So beginnt er, Heraklit, seine überlieferten Worte.

55

Durch die folgenden Zeilen schreite ich mutig voraus und doch
weit zurück.

56

B2, sein zweites Fragment: »Drum tut es not, dem Allgemeinen
zu folgen. Obwohl aber der Sinn allgemein ist, leben die vielen,
als hätten sie ein Denken für sich.«

57

Nietzsche spricht dort von den »viel zu vielen.« Auch er schaute
weit zurück und endlos weit voraus.

58

B 123 »Das Wesen der Dinge versteckt sich gern!«
Was versteckt sich hinter der Kategorie Wissen/Nichtwissen?
Soviel Wissen kippt die Ladung in die Grube und du musst sie
(es) wieder herausholen, um selbst zu gesunden.

59

Meine Anmerkung zu Karl Jaspers ´Titel »Philosophie und
Unphilosophie!«
Die Philosophen suchen die Wahrheit. Die Unphilosophen,
die Theologen und Gläubigen aller Religionen, auch sie Phi-
losophen! Nur mit dem Unterschied, in ihrem Kreisverkehr
ist der eigen gegebene Bestand, das Wahre, damit sind sie im
Grunde (per Wort) die echten Philosophen, und die, die stän-
dig auf der Suche nach neuesten Erkenntnissen, sie sind für
die Religion die unqualifizierten Ungläubigen. Ihr Glaube ist
funktionell gegeben, unveränderlich das ewige Licht, die ein-
zige wahre Erkenntnis.
1 + 1 ergibt immer 2, dort ist die 1 gegeben als Voraussetzung,
und das weltweit.

A 59 A–D

Vernunft kontra Verstand ist Rollenspiel des Sich-selbst-Fin-
dens, auf das Land hinauszugehen. Alle Gesetze Verstand/
Vernunft nur: Außenhort – Wort/Nichtwort – als Kategorie

B

Technik skurril das Leben soll erleichtern! Politik, Beginn mit
Zahl an Zahl: die Wahl!

Und mit dem Licht hinein in das Gebären immer noch Beherrscher der Technik zu sein.

C

Diktatur und Freiheit. Philosophie und Religion. Selbständigkeit und Sklavenallerlei durch den anderen, oder gar durch der bunten Technik Schnur ... die lange Leine?

D

Massenausstoß der Kühe, das Methan, auch Gruben- und Sumpfgas genannt. Gülle überrollt das Land und damit Geist und Frieden einer ganzen Generation!
Ich sehe meine Mutter auf dem Melkhocker im Stall, den Kühen das köstliche Nass – Milch – ihren Eutern abzufordern! Milch, welch eine feine Köstlichkeit: Heute züchtet man den Menschen wie die Kühe bis an die Grenzen der Vernunft/ Unvernunft mit angeblichem Verstand ... Alles fürs Vaterland! Und schon haben wir wieder Krieg ...!

60

Vernunft kontra Verstand.
Aus dem Selbst heraus beginnt der Strom das Land des Wortbegehens zu überfluten.

61

Der Verstand beginnt sich zu brüskieren: Was soll die Vernunft? »Hier regiere ich«, das Wolkenmeer in Einsicht einzugliedern, zum Selbstlaut an die Wand gebildet: mit Verstand.

62

Die Vernunft, als Ankündigung, dem Verstand sich nie zu beugen.

63

Das Ungesagte bringt es an den Tag. Die Frage selbst war die Bestätigung, dem Wissen sich zu unterwerfen ... nur um zu streiten: Das ist der Verstand. Die Vernunft, sie schweigt. So redete sie oft, als Verbleib die gerunzelte Stirn als Bild zu offenbaren!

64

Das Gesetz umfriedet das Sehen an Religionen, religiös vorbeizusehen, um Masse mit Masse; Wahlen zu gewinnen! DAS Glauben ist die Fruchtbarkeit als Masse zu überzeugen

65

Der Mensch in stiller Andacht schaut in die Zeit und sieht die Verbrüderung in der Allzeit, der Religionen Wohl.

66

DER Glaube ist der wortlose Selbstbezug tiefster innerlicher Hingezogenheit, sich aufzulösen, nur um in der Allheit/Wort die Grenze Wahrheit/Glaube nicht in irgendwelche Anmaßungen als Werte zu hinterlegen.

67

Die größte Gefahr der Philosophie ist die Mitternachtsparole, Glauben gleich Wissen in Beziehung einzukreisen, somit das Wahre als Übersetzung.

68

Das Tageslicht ist so in meiner Sorge, Schein, da die Nächtlichkeit den Himmel einrollt außerhalb von Sein und Zeit, als Kuckucksuhr vakant die Pausen des Atemholens nutzt, Wissen mit Glauben zu identifizieren.

69

Nächtlichkeit, dort, beginnt im Traum, die Wiederaufbereitung als Anti-Pose anzunehmen, den Tag zu täuschen!

70

Kreatur ist Freiheit in sich, das Gegebene im Aschenbecher zu kräuseln.

71

Angesicht der Verkörperung des Lichtgeschehens ist der Anspruch auf das Amt des Präses einer Ringstraße Allgeburt, zu befrieden, Land und Leben: als Eigentum anheim.

72

Licht getrunken ist nicht immer schattenlos das All zu betrachten. Die Sinne außen vor, sie geben dem Verstand ein Zepter in die Hand, Land und Leute zu gestalten, so wie die 1, als Zahl, der Masse selbst, in die Kategorie Kirchen-Glauben als Wissen einzuordnen!

73

Ich gehe meine Runde. Oft ist dieser Rundgang mir ein Ärmellüften, die Gedankenwelt in ein neues Abc einzugliedern, um den Tag in mir zu befrei'n, auch einmal unvernünftig zu sein, um die Karosse Wort, im Sinne Leben, ständig neu aus der Taufe zu erheben.

74

Angekommen dann. Der Atem ruht. Stillstand ist hier ein loses Wortgeplänkel aus dem Verstand das Sinnbild Wort für den Moment einzufrieren, damit die Seligkeit, Vernunft in alle Richtungen von Sein und Zeit vom Menschen sich befreien kann.

75

Methan, Grubengas die Übersetzung. Auch Sumpfgas ist Betitelung des reibungslosen Überganges, das Weltbild Mensch vom Menschen selbst zu befrei'n.

76

Jetzt hat man endlich den Übeltäter gefunden, er, der die Menschheit vergiftet: die KUH!
Sie bringt den Schatten anheim, als Keim der Dummheit die Überbevölkerung der Erde auszuklammern, um in der Vermassung Mensch nie das eigentliche Übel zu betrachten!

77

Die Religionen preisen Geburt auf Geburt als heilige Schöpfung
an. Dafür müssen die Kühe, die Masse Kuh, eingeschränkt als
Waffe gegen die Vernunft, die Liderdeckel zum Verstand ge-
schlossen, bleiben ..., denn Masse bedeutet Macht, und wer die
Macht hat, der bestimmt die Religionen dieser Welt!

78

Aufgebrüht ist die Kampagne: Kriege zu gestalten. Überall
beten sie für die Siege. Aber? Jeder Krieg ist nur das Umge-
stalten, von Ahnenkult und jener Fibel, unser Gott ist nicht
nur Wort allein, nein, sein Weltbild ist wahr: Das ist allein der
unsrige Sieg!

79

Diktatur und Freiheit liegen so dicht beisammen, als ob sie
Brüder wären. In Anbetracht, die ewigen Feuer zu schüren,
sitze ich in meinem Abc und übe jene Zwischenschritte, Ver-
nunft ein wenig beizukommen. Wieso? Darauf kann der Ver-
stand keine Antwort geben! ER schmollt, er schien verlassen,
enthoben seines Selbst!

80

... also weiter in Philosophie und Religionen?
Vergeistigung ist das Wort Friede: und doch im Finale: End-
produkt: Krieg!

Krieg aber, der andere, ist dein Frieden, das Denken jener »Wille zur Macht«, dein »amor fati« als Blume der Vernunft, der Philosophie und den Religionen entgegen ... an DIE Menschheit – in sich – als Wesen der Vernunft ständig zu erinnern ...!

Philosophie und Religion III

82

Philosophie ist etwas Einzelnes: DER Glaube eingeschlossen!
Eins + eins = EINS.
Religion dagegen ist Masse: DAS Glauben, dort wird DER
Einzelne stets ausgeschlossen. 1 + 1= der Teile 2!

83

Beide Wörter sind vom Standesdünkel nie und nimmer aus-
geschlossen.

84

Nationalsozialismus ist Religion! Heimatliebe ist nie und nim-
mer Masseverständnis, den Einzelnen in seiner Liebe zu Land
und Leuten zu verstehen (die Sprache eingeschlossen).

85

Muttersprache ist im Grunde etwas Einzelnes!
Irgendwann sollte sie, die Sprache, einstmals Vatersprache, so
einen Eigennamen bekommen! Aber?
Die Muttersprache, als Einzelnes, sie beginnt im Embryonal-
stadium, neun Monate, Tag um Tag, die Nächte einbezogen,
die Frucht von der Blüte mit dem zu benennen, wo im Grunde
wortlos ist, eben, die Sprache der Mutter: uneingeschränkt.

86

Der Mann? Seine Sprache beginnt zu keimen nach dem ersten Schrei, den ich, ER, sie, es (das Kind) von sich gab.

87

Nietzsche sprach z. B. vom Mutterwitz.
Das ist, im Einzelfall, auch: Philosophie! Nur? Nicht gesell-schaftsfähige Wissenschaft, da Einzelnes im Worte nicht er-fassbar ist, es sei denn, es, sie, zu belächeln.

88

Religionen sind die Welten, die am Arme in das Außen heraus-getragen werden, Wahres im Wort zu gestalten! Doch jedes Wort ist stets ein Plagiat, ein Angebot, in die Diallele einzu-steigen, den eigenen Wortschatz anzureichern mit dem vorge-gebenen Sinn auf der Spur der Wahrheit, Seele nur etc. zu sein!

89

Unerfüllte Normen werden zum Teufel herabgesetzt. So, wie Luzifer zuerst Engel war, und dann? Brauchte man das Ge-genstück, um den Kreisverkehr mit der Diallele in Einklang zu bringen!

90

Hochsensibel ist der Einstieg, »Glaube und Glauben« auf den Menschen abzurichten, da eingeschlossen in Verstand und Ver-nunft die Seele, sie, bleibt außen vor.
So gesehen ist das Begehren, verstehen zu wollen, an die Fremd-

heit angegliedert, die Masse in Einheit umzuwandeln, und das funktioniert nur, Sprache als das Wunder zu verstehen, die nur in der Annäherung DAS Verstehen begrenzt. Die Gliederung Sehen/Augenverschließen ist das Stimulans, die Einheit zu vollziehen, dort, wo jeder in sich begreift, in der Abgrenzung das Ich als Selbst verstehen zu können.

91

Den Seelenfrieden, Sprache nur als Mittler zu verstehen? Das Verstehen selbst schließt dort auch das Augenschließen ein, in Ewigkeit das Ziel der tiefsten Annäherung – im Wunder Sprache – verstanden zu haben!

92

Er, der Sieger, er ist stets außen angebracht, die Einheit, sein Verstehen, allein, anzupacken. Er will siegen! Nur danach steht ihm der Sinn!

93

Diese Geißel, Macht und Glorie mit der Sprache zu erreichen, das fällt unter das Privileg: »Mein Wort ist wahr, du hast dich zu ergeben.«

94

Fühlen und sich einzugliedern in den Pulk von Kriegern, die sich anmaßen, im Glauben den Andersgläubigen zu töten, das hat nicht einmal etwas mit Mensch zu tun; damit ist es doch bei allen Predigern das Heiligste von der Welt ... Leben zu schützen!

95

K. Jaspers spricht in »Philosophie und Unphilosophie!«
»In der Annäherung mit dem Wort wird das Wahre aufgeho-
ben, da wahr allein in der Vergangenheit Bestand!«
Dort wird Wahres durch das Gewesene »Sein und Zeit« wahr.
Das auslösende Moment ist die Galionsfigur der Prediger, sie,
die die Welt vom Index Wissen/Wahrheit ganz befrei'n, um
am nächsten Tag die Geschichte mit Aurikeln blühend zu um-
geben: einzig zu sein!

96

Das Wort / **Die Wörter** .... Das Wort / **Die Worte**
Euklid (ca. 367–263 v. Chr.), der Mathematiker, sagte: » Ein-
heit ist, wonach jedes Ding Eines genannt wird.«
»Zahl ist die Einheit der zusammengesetzten Menge.«
Das Wort kann mir demnach Einheit sein und zugleich auch
Vieles: Unendliches! Es kommt dort ganz allein auf die Be-
trachtungsweise an!

97

Und somit wird jedes Wort in sich Ding oder Zahl!

98

Ist die Seele Ding oder Zahl?

99

Jetzt kreuzen sie die Klingen: wer gegen Wen?
Für mich ist Seele weder Ding noch Zahl, sondern als Wort
mir nur eine Bezeichnung für Dinge, die im Normbereich
Wort, im Grunde, gar kein Zuhause haben. Sie sind nicht
einmal Wort!

100

Und doch. Man streitet, man tötet sogar für das, was nicht
vorhanden. Aber? Man gab DEM Nichtzufassenden mit Gott,
Seele, Auferstehung, etc.! einen Namen, machte es zum Ding
und streitet im Nichtwissensbereich mit Ding und Zahlen!

101

Vernunft/Verstand, hier allein scheiden sich die Geister.
Aber was ist Geist?

102

Geist ist nicht das, Fremdwörter in seine Sprache einzublenden,
um intelligent zu erscheinen. Nein/ja: Geist ist das Unwieder-
bringliche, das Außenvor, das weder Ding noch Zahl!

103

Geistreich ist die wörtliche Abwandlung, Teilbetrachtung von
Geist et cetera! Recht und Unrecht schlägt in die gleiche Kerbe
ein! Sind von zehn Personen acht für ihre Einheit? Dann ist
das das Recht.
Man tötet weiter: Krieg bei Krieg! 8 gegen 2 = so die Zahl!

104

Ich greife hinein in den Wortkalender. Was finde ich?
Bezeichnungen, die Wort werden. Und die zwei Mann haben
gegen die acht, von der Zahl her, keine Chance, ein anderes –
vielleicht gar besseres – Recht zu offenbaren.

105

Verstehen, auch so ein aus der Luft gegriffenes Phänomen, in
Wort und Wörtern das zu preisen, was genehm.

106

Die größte Gefahr der Menschheit ist das Wort!
Das »Allergrößte Glück« aber auch für den, der die Hände öff-
net, um das »unsichtbare Gedicht« Rilkes in die Arme zu neh-
men (sinnbildlich), um seinen Atem ständig neu zu formieren.

107

Was aber ist das Wort? Bei Seele z. B. dort kommt zuerst das
Wort und dann die Bezeichnung. Ist diese Titelung dann Be-
stand im Katalog der Religionen, dann feilt man Gut und Böse
als Ding und Zahl in den Kalender ein: zum Beispiel Christ,
Moslem usf. zu sein: gläubig *sie* allemal.

108

Das ist der Punkt, wo die Macht das Auge und die Seele
manipuliert, »gut oder böse« zu sein!

109

Gut? Schreibe ich so meine Zeilen, dann bin ich für die Masse (die Zahl) der Böse. Verstehen schließt ein, wortgebunden nur Wort zu sein!

110

»Was soll das Wort?«, fragte man mich! Das Wort ist die Seele der Annäherung, den Atem des Anderen aufzunehmen.

111

Jeder Regentropfen ein Wort. Der Regen selbst kann Einheit, der Regen als Ding kann Zahl, gar Tropfen sein.

112

Bezeichnungen mit Bezeichnungen zu einen, oder zu widerlegen? Das schließt ein, selbst der Überwinder zu sein, den Atem des Anderen wortlos in seinen Atem aufzunehmen.

113

Verstehen setzt dort ein, wo das Verstehen-Wollen seine eigenen Worte und Wörter einkreist und ihnen Sinn verleiht.

114

Die größte Gefahr besteht darin »100 %« den Atem, das Wort, des Anderen deuten zu wollen!

115

Deuten ist das Zergliedern von Zeichen, sie umzuwandeln in andere – die eigenen – Zeichen.

116

Diese Zeichen glühen flammenlos in den Raum, wenn wortbereit Zeichen für Zeichen den Raum verlässt: erfasst, gehört, dann ist dies Gemäuer in sich selbst erhellt.

117

Wenn ich schreibe, dann schießt, im Zickzack, über Milliarden Gehirnwindungen irgendein geformtes Gedankengut in die Zeit, um sie für Momente anzuhalten, damit der Andere, der Gesprächspartner, im umgekehrten Weg für das eine, einzelne Wort Wege begehen kann!

118

Sagen wir einander: »Ich habe dich verstanden!«
Dann ist das aus der Zahl heraus geborene Ding der Punkt, das Zeichen zu geben verstanden zu haben.

119/20

Diesem Verstehen aber, wer gibt sich heute noch der Mühe hin, verstehen zu wollen!
Der Mausklick-PC nimmt uns auch das noch ab.
Arme Menschheit: Muttersprache.

121

Gleichungen

Lustgefahr, den Brennpunkt Winde, in das Nest der Gegen-
wehr erblühen lassen. Die Kür geliebt, sie beginnt als Sammel-
band den Himmel geistig zu bevölkern.

122

Geistlos er, der in den Wolkenfetzen seine ungeformten Nor-
men in das All hinausgebärt.

123

Die Befriedung der Klangimitationen, fröhlich, so die Mutter-
sprache zu benennen: Es gab Zeiten, da war das selbst tödlich:
dem, der seine Muttersprache liebte.

124

Lichter Berg, verberge deinen Schatten nicht.
Herumgegangen um den Berg, sah ich das Urgold, der Abend-
sonne Blinzeln, wie den Schein einer Äolsharfe »Kunst-Bild
Wort« im Sein von »Sein und Zeit« zu befriedigen, das Selbst,
das ständig fragt: Woher? Wohin?

125

Also gehe ich. Trunken vom Schluck reinen Wassers.
Wann wird güllegebräunt das Diadem, der Quelle Reichtum,
im Erdfilter, nicht mehr diamantenklar und rein uns sein?

126

Das Auge himmelwärts, die Reinheit des Quellens trächtig
gebärt, weiterhin sich selbst zu belügen. Wohin mit der Gülle,
dem Quell menschlicher Massenprodukte: Mord ohne Moral?

127

Gleichung/Angleichung, welch ein Schlüsselspiel, jede Glei-
chung als Angleichung zu verstehen!

128

Der Toleranz gehört der Raum, um die Leuchtrakete »Anpas-
sung« zu zünden, das Gleichgewicht zwischen Wort und Zahl
nicht eskalieren zu lassen.

129

Wortbeflissen, Gewehr bei Fuß, so endet alle Sinnes-Welt,
wenn sie sich zögernd anmaßt, das Wort gegen Kanonen zu er-
heben! So gesehen gleichgesetzt aus dem Kreisverkehr, bei allen
Religionen, auszusteigen. Eigenen Atem, neue Gleise offenbart.

130

In den Anlagen wird Unkraut das, was gesellschaftsfähig der
Raumgestaltung –Wort – widerspricht.

131

So gesehen ist DAS Geschehen ein grimmiges Tiger-Zischen:
fressen und Gefressen werden.

132

Die Parole ist und bleibt der Vorsatz, zugegen zu sein.
»Urbi et orbi« als Staffelholz aufzunehmen, um die Wahrheiten – wortgetreu – in die Allmacht Glauben = Wissen ständig in den Kreislauf der Macht, der Zahl = Masse einzuatmen. Wahr, welch ein Atemzug geht ständig dort auf Reisen, alle Machtkreise zu füllen!

133

In der Substanz ist das Prozedere –Religionen weltweit – eine Gleichung der Macht!

134

Und der Einzelne? Er bleibt die Eroberung, im Selbst zu sein, ein wahrer Mensch?

135

Nimmst du diese Gleichung nicht in deinen Ringverkehr auf, dann brechen alle Dämme und du wirst ständig der Teufel sein. Auch wenn, zurückschauend, Luzifer ein Engel wollt gern bleiben.

136

Jede Gleichung bedarf irgendwelcher Dinge, die man gliedern kann, im Plus, wie im Minus allemal ... hier beginnt und endet das Nihil ... im ständigen Beginn.

137

Und man kämpft um den Erhalt: Jede Gleichung bleibt im Endprodukt einer neuen Gleichung vorgelagert, jene (1) die ständig wahr als (1) geboren wird: als gesetzt. Das ist das Gesetz der Gleichung insgesamt, man verfügt, den Atem anzuhalten, Schatten in Licht umzugestalten, und vergisst dabei … An dieser Stelle sind bei Licht und Schatten nur die Kostüme, um Wahrheiten ständig in neue Masken (Wörter) zu kleiden. Eine neue Maskerade; so meine Gleichung: Hier liegt die größte Gefahr bei Licht und Schatten sowieso.

DER Kreis und DAS Quadrat als Einheit!

138

Minimiere ich Kreis und Quadrat auf die kleinste mögliche Größe zurück, dann sind beide im Sinne Euklids jener Punkt, die Einheit, die keine Teile hat. Diese Einheit dann ist einfach Ding, hier die beiden Figuren Quadrat/Kreis, sie, die Einheit genannt werden. Die zusammengesetzten Einheiten sind dann, die zusammengesetzten Zahlen … Menge! Aber was zählte man dort zusammen? Punkte, die keine Teile haben, und es waren nicht 2, sondern 1 + 1 = eins, unsichtbar, aber Wort!

139

Nehme ich A Philosophie Kreis und B Unphilosophie Quadrat, dann sind beide in sich gleich – Wort in Wort: WORT!

140

Seele, ein Wort. Gott, ein Wort. A/B, ein Wort. Wobei jedes
dieser Wörter aus dem transzendenten Bereich der Flächenauf-
lösung kommt, die sich im Wunder der Erkenntnis gliedern,
somit im Zeichen sich diesem Phänomen »Verstehen« anzu-
nähern versuchen.

141

Z. B. Krieg und Frieden ist nur Zeichen für den einen Punkt,
dort, wo sich alles im Verstehen auflöst: wahrhaft Mensch zu
sein.
… Friede und Krieg sind beide besiegt…! Das ist das wahre
Ziel…!

142

Nehme ich diese Zeichen aus dem Nichts heraus, dann ergeben
sie Nichts! Ost/West/Süd/Nord reichen sich dort die Hände,
wo sich die Gesetzmäßigkeiten die Arme zum Kreis dem Un-
sichtbaren reichen, um Zeile für Zeile aufzulösen! Wo nur das
Nichts im Nichts aufzulösen war …!

143

Selbst die Philosophie, auf der Suche nach Wahrheit, zählt
diese Ungereimtheiten zusammen. Hinein in die unsichtbaren
Räume, werden Zeichen zum Wahrheitskult. These wird An-
tithese und zusammen ergeben sie die Synthese, die dann im
Grunde, auf der Suche nach Wahrheit, wieder These wird:
alles wie gehabt.

144

So reihen sich die Ungereimtheiten aneinander und ergeben die vier Ecken des Quadrates.

145

Löse ich sie auf, bin ich im Kreis gelandet, dort, wo keine Zahl den Anfang und auch nicht das Ende Ost/West/Nord/Süd offenbart. Sie wurden in sich zur Kugel:
gleich unsrer Mutter Erde!

146

Kreuz und quer schießen die Thesen durch die Ecken, um Synthese auf Synthese zu formen, bis sich Seele, Nichts, Nihilismus die Hände reichen, Wort werden: Religion, Philosophie usw.!

147

Jedes Wort in sich, Zeichen im Zeichen, bringt die Unendlichkeit, die Benennung ICH hinein in die Überfunktion durch Merkmale, Symbole, das zu benennen, was im Grunde nur der erste Schritt ist, sich mit der Sprache, dem *Wort*, auseinanderzusetzen.

148/ 49

Das Blatt am Baum ist die Lichtmesse, einen Menschen erkennen zu können: in der Annäherung sich der Natur wortlos zu nähern. Schau in den Baum hinauf – Blätter, Menschen!
Der Stamm als Urform der Lichtspeisung, vom dunklen Erdreich herauf, bis zur letzten Knospe, die dort wartet:
Wort zu werden.

150

Ich sehe. Sehe ich wirklich? Oder bebildern wir nur das Außen in ein selbstgeformtes Vehikel um, das Wort, und wir glauben, zu sehen?

151

Sehen ist im Grunde abgekapselt vom Verstehen, das Augenmaß in die Horizonte zu erheben, dort, wo sich Nichts mit Nichts trifft und wir neue Wörter formen.

152

Das Grün der Wiese. Kühe grasen. Ich sehe die ganze Pracht Leben und nicht den Methansausstoß, der die Menschheit in sich schädigen könnte. Gesetze werden erst in der Überzahl, wenn das Kind in den Brunnen gefallen, gemacht, um sich als Politiker, Journalist etc. aus dem Nichts hervorzuheben.

153

Atomzertrümmerung sollte der Menschheit nutzen, bis man die Macht der Sprengkraft entdeckte, Tausende mit einem Knopfdruck zu erledigen!

154

Schade, dass die Menschen immer erst, in der Masse des Selbst, zu denken beginnen, wenn es um Profit, Macht, Religion, Sozialismus geht …!

155

Als der letzte Bauer dann endlich Kommunist wurde, da be-
merkte man, die Bauern gaben sich sozialistisch ihrer Macht,
der globalen Arbeit, hin, um zu funktionieren, bis sie endlich
selbst Kapitalisten waren. Nur Bauern gab es dann nimmer
mehr.

156

Begüllt ist der Sinn und die Erde, als Beginnen: Kommunis-
mus, Sozialismus zu deklarieren. Ich sehe Zeichen an Zeichen,
nur Menschen sah ich nicht.

157

Aus »Lob der Dialektik« (von Bertolt BRECHT)

»An wem liegt es
wenn die Unterdrückung bleibt?
An uns.

An wem liegt es
wenn sie zerbrochen wird?
Ebenfalls an uns.

Denn
die Besiegten von heute
sind die Sieger von morgen!«

Und? Es machte mich stutzig
Weil? Das Wörtchen Sieger fiel
und nicht

WIR
müssen uns überwinden.
Weil? ER in der Tat dann
der Sieger ist
Und ich? WIR? gehen weiter

zur Arbeit: geknechtet, unterdrückt!

158

DER Punkt, dort, wo Quadrat und Kreis in EINER Allheit
Einheit bilden! Ein Nichts + ein Nichts = nichts!
Die transzendenten Räume öffnen sich. Ich schau hinein. Was
sah ich? Zahlen, viele Zahlen, bis in den undefinierbaren Raum
hinauf und hinab.

159

Wie bei einer Pusteblume, dem Löwenzahn-Krönchen, zer-
stäuben die Samen in die Welt hinaus: sind der Pflanze nicht
mehr zugehörig, da sie Frucht in sich, verselbständigt in ir-
gendeiner Lichtung, keimen, Löwenzahn, ein neuer Kreis, ein
neues Quadrat.

160

Flieg weit hinaus. Beblühe im Frühjahr erneut die Felder und
Wiesen. Mir glüht das Wort und der Biene der Honig-Gedanke

161/a

Kreise und Quadrate lösen sich zu einer Einheit auf, im Gefilde des Nichts, jener Punkt, wo sie beide als Einheit beginnen, zu leben: Flächenbeginn!

b)

So gesehen bleibt mir das Nichts, jenes Verstehen, beide ständig als Einheit zu sehen. Wie? DER Glaube und DAS Glauben aus dem Nichts heraus sich durch das Wort »Form an Form« dem Wort ergeben, das, was die Allheit Wort zu geben hat. Auflösen musst du das in deiner ureigenen Form: deinem Wort. Hier atme ich ein, Rilkes Atem, das unendliche Gedicht!

162 /a

Schon renn ich geschwollen dahin
ohne Datum ohne Sinn.

Da flog ein kleiner Vogel
ins Sonnenlicht hinauf.

Ich dachte irgendein Wort
spürte den Lichterschein

als Verbrüderung mit dem Jetzt.
Da war ich bereit

mit dem Vogel aufzusteigen
ihm meine Lüste zu zeigen

den Glanz der Sonne einzufangen
wie es die Alten oftmals besangen.

Einzufrieden das Gelächter
jener Masse, die sich Menschheit nennt:

um im Sonnenblinzeln jene Pächter
zu entlarven, er, der stets nur Kreise scannt.

Mit dem Vogel fliegen? Ich blieb liegen
… und doch: ich stieg hinauf – weit, weit entfernt …!

162/ b

Morgennebel »Du mein unsichtbares Gedicht«:
obwohl der Nebel, bei Rilkes Atem, dem Hauch am frühen
Morgen, überall zu sehen ist.
Man sollte die Augen öffnen, um zu sehen, um zu verstehen
DEN Atem, du unsichtbares Morgenlicht.

163

Die Überzahl der Wesen Mensch zu umwörteln mit Licht-
gedanken zu bedenken, im Handeln Leben zu verstehen, das
wäre mein kleinster Teil meines Sinnens.

164

Die ersten Menschen hoffen schon mit Raketen die Erde zu
verlassen: Das Mal des Selbst wird (meine Meinung) hier in
Frage gestellt.

165

Ist die Erde oben oder unten, Himmel oder Hölle gar?
In der Umfriedung, die Hand gegen das Licht zu erheben, dort
verformt sich »das unsichtbare Gedicht!« Rilkes in die Urform
menschlicher Gedanken zurück.

166

Gedanken sind zuerst Form, durch die Sinne gegeben. Die
Lippen beginnen zu vibrieren, um ein Wort zu benennen, das,
was den Gesprächspartner beglückt.

167/a

Ich geh in den Morgennebel hinaus, und was geschah? Am
Himmel offenbarte sich das unsichtbare Gedicht Rilkes in al-
len Formen. Ein Blinzeln Morgenröte durchflog mit mir Raum
und Zeit. Mensch geworden für einen Moment, da küsste mich
das Morgenrot im Lichtmoment, als es den Tag gebar.

167/b

Das rote Blatt im Baum
tränt mir den Herbst entgegen.

Das Laub gibt seinen Atem hin
in lichtkonstanten Krausen
die Umwelt einzuweih'n.

Die Haare graumeliert
jene andre Phase
tönt mir ins Aug den andren Herbst.

Das rote Blatt im Baum
ist nur ein Teil vom Echo Leben,
dem Zeitkalender Frühling/Herbst!

Meinen Herbst genießen? Wenn das Rot
die Wälder begießt? Das ist die Zeit
zum Traume ständig bereit:

»Mein Tusculum« Du meine heimelige Welt.

168

Menschsein, woher nimmst du dir eigentlich
die Freiheit in die Kriege zu zieh'n, um Menschen zu töten?

169

Krieg und Frieden geben sich die Hände, wo die Geburt sich
selbst befreit im wortlosen Glauben, jene Macht zu bezwingen,
die sich dir anmaßt über Tod und Leben zu entscheiden?

170 Ende?

Nein! Es gibt kein Ende, geht es ums Wort im Allgemeinen,
denn jede Syn-These setzt voraus, im Gedankenkarussell
könnte sie irgendwo wieder These werden. Somit enden die
Gedanken nie: als These!

1/170?

Und schon ist die letztgenannte Synthese aufgeschlüsselt in je-
dem Wortschatz wieder in irgendeinem Ansatz einfach wieder
These: meine Philosophie!

… Und schon melden sich die ersten Kontrahenten der Ewiggestrigen, sie, die im Prinzip immer dagegen sind … im Dagegen dafür! … OK, davon leben sie …!

Letzte Seite

So übergehe ich die letzten Zeilen.
Ich weiß nicht wie? Bin ich bereit?
Im Grunde ist das Nichts Gesetz(t),

im Worte dem Segen der Sprache zu huldigen.
Zuerst fühle »In dir« den Schuldigen

um dem Worte getreu
abzulegen jegliche Scheu

Epigramme aus dem Licht besehen
einzurücken in ein Sichbeglücken

Worte aus dem Quadrat zu erlösen.
Über Punkt, Verstehen, den Kreis im Dösen

in die Einheit hinein zu befrei'n
Eigner deines Wortes »Selbst« zu sein!

Buch II / Teil Zwei

Mancher Aufstieg war ein Brunnenbau.
Mancher Abstieg gar ein Gipfelsturm
und das Licht bezog den Himmel azurblau.
Der Schlag ins Angesicht stürzte ein den Turm

im Augenschließen unverfälscht hinüber
zu geleiten. Das Dasein im Hiersein verwalten?
Die Zusammenfassung der Wörter wurde trüber
Axiome über Wasser zu halten.

Eine Schäfchenwolke für Momente
die Sonne verdeckt. Eine Oase – eigen,
schafft sich Raum

das »Dolce far niente«
in jene Töne einzubinden: zum Reigen,
Iggdrasil, auch du warst einst nur Baum!

Betrunken läuft die Kür
zur Höchstform auf: Betäubung.
So wird selbst der Wein zur Tür
ins Unterhaus der Nichtbestäubung

positiv zu lenken
das Sichbeschenken
im trunken aus der Masse hervor
Romantiker zu werden im eignen Haus.

*

Überbevölkerung ist das Sichbetrinken
an die Flut zu denken, die das Menschsein
dahingebären lässt.
Tiefste Gräber werden ausgehoben:
ständig sich selbst als göttlich zu beloben.

*

»Gott gebar den Menschen nach seinem Ebenbilde!«,
so spricht die Religion!
Ich sage, der Mensch gab dem Nichts das All
dem »Göttlichen« sein Gesicht, um zu erheben
was die Allheit Unzeit in den Sand hineingebärt.

*

Heraklit (B32) »Eins, das einzig Weise, lässt sich nicht
und lässt sich doch mit dem Namen ZEUS (des Lebens)
benennen.«

ÜBER-Bevölkerung
das Ende meines Suchens
gebar den Schrecken in mir
Mensch zu sein.

*

Reduzierung durch Kriege?
Raffsucht, Gier
im Lustgeschrei zu zeugen
was in Jahrzehnten uns den
Platz zum Leben nimmt.

*

Das eine Glas Wasser versiegt.
Kaiser und Könige trinken allein
– noch –
das köstliche Nass,
den Quell des Lebens.

*

Die Meere ertränkt mit Plastik
und anderem Unrat: Menschen Heil!

*

Die Psychologie der sozialen Könige?
Einer soll mit dem Rad gefahren sein.
NUR?
Er fuhr zurück ins Schloss!

Der reine Gegenstand

Lichter laufen entflammt um die Erde:
Menschen.
Leben neigt sich hin zum Licht
selbst zu sein.
Im tiefen Schlummer des Erwachens
lernt man Leben verstehen:
Wort bei Wort!

Blumen blühen. Aus dem Gefühl heraus
erhebt sich eine Wand. Ein winziges
Verstehen stellt sich außerhalb
von Raum und Zeit – und –
wünscht Dir das Blühen, das
da Leben ward – Aug und Ohr –
für dein Gefühl, zu finden das,

was Wörter blühen lassen kann:
von Horizont zu Horizont.

Über der Bevölkerung
thront das große WIR!
Es beginnt, am Abhang der Bestätigung
Ich zu sein, ein Fakir

der auf blanken Nägeln ruht,
um Ruhe vor der Welt zu finden.
Überbevölkerung, eine seltsame Glut
beginnt den Alltag einzubinden

das religiöse Dilemma: *zu verhüten*.
Der Geist seiner Zeit gebar – die Kinder:
zeitbedingt, Kriege zu bestücken,

um sich mit königlichen Blüten
die Krawatte, jenen schmucken Binder,
im Glitzergewand mit Gold zu bestücken!

Heute wurde aus dem Waldbestücken
längst ein Sterben: Baum an Baum.

*

Manch Holzweg blieb ein toter
gepflasterter Pfad. Und auf den Feldern
ertränkt man mit Gülle etc.
Mann und auch die Maus.

*

Hungersnöte werden lauthals publik
gemacht.
Die Presse hat endlich Schlag-
Zeilen: Schlag auf Schlag. Und
die Gelbjacken Frankreichs streiken.
Für was? Kinder verhungern
überall auf der Welt ...!

*

Wir müssen mehr spenden für die armen Kinder
der Welt. Da war's geschehen, aus fünf in der Familie
wurden zehn usf.
Ob ich Kinder liebe? Wenn nicht, dann würde
ich solche Aufrufe nicht starten.
Nicht WIR sind gefragt, sondern jeder Einzelne!

Ich erfriere bei dem Gedanken: Kriege
religiös zu rechtfertigen. Schon die Glaubens-
Kriege dienten der Reduzierung. Anschein
zu erwecken, ihren Gott – ein Wort im Wort –
am Göttlichen, dem unsichtbaren Gedicht (Rilkes),
vorbeigetötet, das Himmelsreich zu erobern?

*

»Ich weiß, dass ich nichts weiß«, schrieb der alte
Philosoph und benannte der Menschheit Wissen
Hand in Hand diese Allheit zu bewahren.

*

Er ging. Und die Herren Richter wissen bis heute
nicht: Warum? Na gut! Ich schlug ein. Um nicht
außerhalb meiner Romantik, noch im Nichts
zu wissen, ein Besserwisser wollte sein!

*

»Gott ist tot!«, so sprach Nietzsche. Das war sein Wissen,
um wortlos sich dem Nihilismus anzuschließen.
Ein neues Bild für den ATEM der Welt?
Nein! Nur ein neues Wort für Gott: sein wortloses Indiz.

(XXIX) »Stiller Freund der vielen Fernen
fühle«
wie dein Atem, mit dem Sternen-
Hauch die heimgeholten Stühle

sich ins Irdische verlor.
Aus dem Übermaß
das Licht zu küssen rief der Chor
irdisch in sich ist das Fass

das Wort im Ohr
das alle Sinne in der Wandlung
begehrt, im Kreuzweg, dort

im seltsamen Chor
die vielen Fernen in der Handlung:
Der Weg dorthin alleine ist das Wort.

Ägypten 2002
Müllmenschen (1 + 2)

Ich sehe Gräber. Ich sehe Müll.
Menschen gehen einher
als ob ihr Sinn allein
Grab und Tüll.

Ich sehe Pyramiden. Ich sehe
die goldene Maske Tutenchamun
im Nationaltheater (das Museum)
für die Unerklärbarkeit
Wesen zu entäußern
für den Kult mit der Sphinx
Ägypten zu verstehn.

Moslems, Orthodoxie-Christen …
Der physische Leib
bildet für die
Konstante der Menschvariante
in/auf Gräbern zu leben
im Müll zu beben.

Mir fällt Kritik nicht zu? Gut!
Aber: Wie bei uns ist der Leib
golden im Antlitz nur der Schein
im Pyramidenstein.

Menschen? Gräber, Gräber.
Der Geschichte Glorie
der Pharaonen Historie
liegt in mir begraben im Blick
… ich gehe über Gräber …!

2

Man schmeißt den herrenlosen
Tieren Müll ins Terrain.
Man wirft ihnen Abfall
Uterus (ri) in den Aschegraben.
Man trägt die Gedanken fort, so
wie sie zu sein: Müllmenschen
müssen eben Müllmenschen sein ...!
Seit Generationen.

Man schmeißt ihnen, den wesenlosen
Tieren, Skelette in die Räumlichkeit.
Man wirft ihnen Knochen, faulig
in die Erde, auf der sie – »daheim« –
ihr Leben fristen, Gruft ist Gruft.
»Gräber-Menschen müssen so sein«,
so er, der städtische Führer.

Man schmeißt mir Wörter in den Sinn
»Gräbermenschen-Müllmenschen,
Alle fühlen sich wohl, sie kennen es
nicht anders, sie sind daran gewöhnt.«

Wann gibt man diesen gläubigen
Noch-Menschen ihre Wörter zurück:
auch als Müll- und Gräberwesen
in Ihrem Denken – auch –
Mensch zu sein? ... Wie du und ich?

Was mir einfiel als Mensch?
Abschlachten: Kriege!
Niederlage, Siegerei, der ganze Hohn
göttlich den Menschen zu betrachten!

*

Angefangen bei Adam und Eva.
Sie gebären die Menschheit im Alleingang auf.
So wird's immer bleiben.
Jede Religion setzt ihre Anfänge
obwohl sie aus dem transzendenten Reich
Einlass sich erbitten – EINZIG –ihre
Wahrheit wahr sollte sein.

*

Manches Mal denke ich, man züchtet den Menschen
nur, um Kriege zu bestücken! Mensch gegen Mensch!
Obwohl ja jede Religion den Menschen an sich
zum Heiligsten zählt?

*

Ich ward geboren, vor 80 Jahren. Das Maß
Mensch, ca. 1,8 Milliarden, auf der ganzen Welt.
Heute? Jeder Erdteil hat diese Zahl
schon überschritten. Wann betritt
die Menschheit die erste Stufe, wahr-
haft Mensch zu sein: *Masse zu verhüten*?

Ich sehe diese Stufe! Sie, die Menschen,
laufen immer noch im Keller herum
und erfinden Religion auf Religion, dort,
wo der Mensch gottähnlich sei!

Und sie bemerken nicht im Rausche von
Gier und Macht, immer noch am Rande
zu stehen: Kriege zu bestücken ...
Religionen zu beglücken.

*

Die Massen strömen auf die Straße.
Revolution. Hier findet die Dezimierung bei
der Menschheit statt: jene, die mit Vernunft
nur in den Griff zu bekommen ist. Wie? Nicht
durch Religionen der Erde, sie bedürfen der Macht –
sprich Masse – um die Welt auch in der ÜBER-
Bevölkerung, die Erde, zu beherrschen. Ihr Gott
wird es richten: Das Göttliche steht hier »als Wort«
für meine Begriffe außen vor.

*

Gesichter sind den Wörtern gleich
Ausgangspunkt von Wissen und Glauben.
Die Falte auf der Stirn wird reich
über alle Zeichen hinaus ...
ob diese Zeilen taugen ...?

Verzaubert ist der ganze Wald.
Die Bäume nickend grüßen.
Mein Ich beeindruckt von der Lichtgestalt
die meine Sinne tiefst versüßen.

Geboren ich, ein Keim, wie jener Baum
im Gestade Welt zu sein.
Teil der Mutter Erde. Mein Traum
atmet das Grün des Waldes fort vom Stein.

Angekommen alle Deckel aus Beton zu lösen
empfange ich den zarten Hauch
der Lichtreklame: Blättersäuseln.

Und in dem Untertone süßes Dösen
jener Traum tiefst aus dem Bauch
heraus, wie er ein Ich im Wellenkräuseln.

Aufgeteilt in Gut und Böse, so
umwörteln sie gottgegeben das,
was menschenwürdig irgendwo.
Es füllt der Hirngespinste Fass

sich im Schatten als Licht zu verstehen!
Jedes Wort ist menschgefüllt
das ist das Problem, im Gehen
den Stillstand – goldumhüllt –

das Weltbild Menschheit als Gut zu begehen.
So schreite ich dahin den einen Trott
im Leben, meinem Spinn-Netz genehm,

zu erforschen, wieso, warum im Alter angesehen
ich mir Gedanken mache über den Spott
hinaus, mein eigen Gesicht zu verdreh'n.

Uneingeschränkt gebiert sich der Mensch ins All
weit hinaus. Sie brechen Bahnen
in die Schwarzen Löcher am Horizont.

So töten sie sich Hauf' an Hauf'. Der Knall
der Atombombe wird's richten.
Man kennt wieder den Nachbarn
und den anderen auch!

**

Neulich sah und hörte ich im TV
dass Menschen wie die Herde Vieh
in Lagern ihr Leben fristen.

Ihr iPhone rief ihnen zu, wo und wie
sie in Rechtschaffenheit zu gesunden
gedachten. In dem Moment sprach die Partei
der Kirche zugewandt, dort ist das Land,
wo Milch und Honig fließen sollt'!

**

So zogen sie durchs Land. Tausende Kilometer
hinter sich gen USA. Und da? Dort will
man eine Mauer errichten: Mensch gegen Mensch.

Wer hat Schuld an dieser Misere? »Der Technikkomfort
gibt allen Idealisten ein: zu glauben!«
Und hier beginnt die Gefahr: »Die Religionen sind schuld!«,
so die einen. Und keiner sah ein: Der Mensch in sich
nimmt auf den Keim: göttlich zu urteilen.

**

»Sei in dieser Nacht aus Übermaß
Zauberkraft am Kreuzweg der Sinne!«,
sprach der alte Philosoph
So lenke ich ein
doch irgendwo noch Mensch zu sein
als Beginn.
Das ist der Sinn, das ÜBER- bei Bevölkerung
zu streichen. Nicht dem Worte auszuweichen – nein!
»Ja, ich weiß, woher ich stamme!« (F. N.)

**

K. J. 131 »Das Sein öffnet sich uns nur in der Zeit,
das Wahre in zeitlicher Erscheinung!«

So atme ich ein, das Geborensein als meine
ureigene Wahrheit in aller Ewigkeit, im
Davor und dem Danach, Seele gewesen zu sein:
Voraus und zurück: Mein Seelenlatein! Und
dazwischen liegt das Licht, das den Schatten
verdrängt; ich? Meine Ewigkeit im Sein!

Jetzt war ich von der ÜBER-Bevölkerung befreit
im innigsten Streit das Menschsein aufzugeben
für alle Zeit …!

Solange noch die Nacht
die Hände auf die Waage legt
alle Pracht
Ding und Sinne vom Tische fegt

solange sitze ich im Eigenwort
darnieder. Dort beginnt
die Überzahl mit dem Rapport
die Zeichen einzuklagen. Es rinnt

die Zeit dem Sein voraus.
Der Mensch zerstört im Übermaß
das Lichtgeschehen.

Er aber baute fest sein eigen Haus.
Und allen wächst das Gras,
die Welt, wortlos, ins eigene Verstehen.

Gesehen ist die Nacht
Teil der Helligkeit. In der Tat
beginnt das Wort bedacht
mit hellem Klingen. Die Saat

geht auf. Die Nacht wird kühler.
Am Morgenhimmel tobt der Krieg
das Ein und Aus, in sich als Schüler
sie in das Gleisbett zu ziehen. Der Sieg

sei dem gewiss, der die meisten Stimmen zählt.
Masse ist in der Tat
die Geißel der Menschheit, dort

wo die Masse das Einzelwesen quält.
Sie machte den blinden Spagat:
Wort bei Wort – Verrat!

Unvollendetes ist im Glanz
der Quasisprache Sehen
ein Musikstück voller Tanz
und blindem Verstehen.

Ich atme ein, dein Wort.
Es ist ein Händegeben
zu erkennen jenen Hort
der Seele offenes Streben

die geistige Grundlage
am Rande zu stehen
Holzwege als Wort zu betrachten!

Dann, mit einem Schlage,
wirst du auf blühenden Alleen
seligst wissend übernachten!

**

Tag und Nacht vereinen sich:
von X bis A und auch zurück.

Letzter Atemzug vor der Geburt! ...

Ausatmen hinein in einen Kreis, die rundgebauten
Wortgalerien zu gestalten. Mir blieb das Licht,
die Zahl im Worte zu erkennen. Die EINS als Einheit
zu benennen.
>>Dafür gibt es kein Wort!<<, sagst du?
Doch! >>Atmen, du unsichtbares Gedicht<<, an dieser
Stelle auch mein Wortverzicht, die Zahl in DAS Moment
hier einzubinden. Zahl und Wort sind so verschieden.
Eins + eins ergibt nie 2, das ist das Wort im Wort.
Als Zahl ergibt 1 + 1= nie eins! Somit ist mein Tagebuch,
mein Rückblick auf die Quelle Leben, ohne Jahreszahl.
An dieser Stelle reiche ich mir selbst die Hand, um mir
die andre zu geben.
>>Das ergibt aber zwei<<, rief empört das Volk! Ich
widersprach nicht, um nicht wieder in
Zahlen zu zersplittern.
So endet mein Tagebuch, obwohl 2 Hände
mir gegeben, mit der EINEN Hand, meinem poetischen,
zahllosen Verstand.
Ich schrieb Vers auf Vers – Reim auf Reim meinen
unsichtbaren Atem auf dieses weiße Blatt.

Es wurden mehr, und doch nur EINS!

Somit ist Leben und Tod nur EIN Teil.
Davor ist das Gestern. Das Danach ist
das Morgen in der Zeit. Wortlos eingereiht
in die Ewigkeit, um Teil von dem Wissen
(»Wissen zu wollen«) zu erkennen.

*

Somit erkannte ich weiter, stehe ich,
bin ich im Davor – einem anderen Teil
meines sogenannten Lebens.
Mehr kann ich mit meinem Wort
nicht erreichen!

*

Also schreite ich in die Zeit hinaus
im Alter angekommen, mich zu
entflammen, dem EINS, das Leben,
noch ein Vieles zu geben; auch wenn
manches Wort ein wenig höfisch klingt.

*

Meinem Vater schrieb ich auf den Stein.
»Ein König war er nicht, aber als Mensch
wahrhaft königlich!« Ich bin nur sein Sohn,
mehr wollt' und will ich nimmer sein.

Als »romantischer Realist« zieh ich meinen Wörtern
jenen Grundriss ein: auf Erden als Mensch irgendwann
geboren zu sein!

*

Brunnenmund: Hier Öffnung zu verstehen.
Tiefst in die Unterwelt hinabzusehen.
Und was sahen meine beiden Ichs? … Aug und Arm?
… mich …, so gesehen ist im Grunde nichts geschehen:
Meine Augen gaben sich die Hände, möchten Gründliches
verstehen. Aber die Ohren haben Wände, zart wie
jener Satz zu glauben, dass der Glaube Wissen ist …!
Aus dieser Runde trat ich aus
und blieb Ich für mich im Brunnenmund!

Noch ist die Quelle rein, sie, die ich am Brunnenende sah!

Der Synästhesist. Ich fing
mein Sehen ein
mit der Hand im Ring
der Sonne. Keim bei Keim

gab ich dem Sinnen seinen Lauf.
Nahm Sehen und Hoffen
in Kauf.
Und besiedelte so, betroffen,

Licht und Schatten
in der Hände Reigen. Die Seele
fand den Kreis

alle Sinne zu begatten
damit kein Wörtchen fehle!
Synästhesist, das ist mein Beweis!

Einheit in der Vielheit zu sein: Zeit bei Zeit!

Buch III

Das Irdische

Erde, Erdball, Acker, Scholle, Fußboden, Land,
Grund und Boden, Feld, Gebiet, Land, Reich,
Ufer/Festland … Weltall, Kosmos, Universum …
Erdenbürger, Person, Kreatur, Individuum,
Erdenwurm, Geschöpfe Gottes usf.! …

All das
sind Synonyme (Sinnverwandtschaften) von Zeichen
zu Zeichen.
Das Irdische in meinem Herzen
(außerhalb aller Zeichen) ist und bleibt
mein Seelenfrieden außerhalb aller Wort-
Kombinationen.
»Atmen, du unsichtbares Gedicht« (Rilke)
war und ist so ein kleines außerwörtliches Wort-
Gebaren fern dem Irdischen, und doch
im Innersten irdisch Mensch zu sein.

Irdisches

Der Synästhesist.
Wortgeworden dann: Ich atme aus
der Tage Stundenzahl …
es wurden Atemstöße, 24 an der Zahl:
mein kleines irdisches Mal,
die tägliche Zeit!

*

Weisungen aus dem All
sind mir das Blinzeln der Sterne,
wenn der Himmel

»wolkenverhangen«

dem Sehenden
geschlossenen Auges
seine Wege weist!

Kant veränderte mein Wort. Aber? Dieser Kurzurlaub,
2002 nach Kairo, er veränderte mein tiefstes Fühlen:
Mensch, woher – wohin!

Kairo, drittgrößte Stadt der Welt,
Einwohnerzahl geschätzte 20 Millionen.

Neblig gelb die Luft von ca. 40 Millionen
Autos (täglich) auf den Straßen, so der Reiseführer.
Im Nationalmuseum, Gold, Gelb
der Reichtum aus uralter Zeit, im
Trugschluss, immer noch »Reich« zu sein:
Die Maske Tutanchamuns!

Das Blatt am Baume
gleicht den Hieroglyphen
auf den Sarkophagen. Mumien,
wie im Traum, trieben aus gelbem Rauch,
des Müllmenschenviertels
Traumwolken in den Äther empor.

Das war der Moment, als ich das Bild
des historischen Reichtums Ägyptens verlor.
Da saßen sie, im Müll, die Menschen.
Die drei Pyramiden Cheops',
Chephrens und Mykerinos'
verloren sich im Tunnel der Frauen-
Pyramide neben dem stattlichen Bild:
Historie, Reich an Wundern – die Antike! Da
kam mir der Reichtum wie ein Fluch
der Pyramiden vor ... und in den
Gräbern leben 200 000 Kairoer ... so
der Stadtführer vor Ort.

Vorgeplänkel

Unsichtbare Einheit: Wort

Welch eine Phase:
geboren!
Erde, Menschen,
Töten einzig der Schrei.

Welch einer Gruppe Leben
bin ich unterstellt?
Den Kopf – zum Töten?
Denken – zum Würgen?
Nichtmensch ich?

Welche Zeit
entlässt mich
geboren: gesichtslos
dem Worte fremd?

Ich stammele wie
der Regentropfen:
Phase einer Ahnengalerie.

Das Wort Seele in mir
der Zahlen 1, 2, 3, 4, und so fort
Punkte der Einheit im Rapport
im Zyklus Leben: Mensch!

Unsichtbar blieb mir das Wort …!

I

Sonettform Shakespeares
(3 x 4 + 1 x 2 Zeilen)

Das Irdische: Worte, Wörter!

Eine Auswahl möchte ich an dieser Stelle
treffen. Aus dem Reiche der Symbole
öffnet Aug' und Seele mir die Schwelle,
die Verstehen bringen sollte, bis zur Sohle:

eingereiht in die Regale, Jahr um Jahr,
Augenblick auf Augenblick! Selbst das Herz,
das dem Verstand die Weichen stellte, war
von der Geburt an oft nur Schmerz.

So, die Auswahl öffnete die Differenzen
hin zum Schatten und zum Licht.
Möchte Gut und Böse euch kredenzen.
Beide Seiten, das ist: meiner Lyrik Pflicht.

Jeder wahre Glaube wird zum Lichterschmaus
so, wie du verlässt – mit dir –dein eignes Haus.

II

… 1 + eins = Zahl und ein Wort

Ich weiß, dass ich glaube.
Außerdem glaube ich zu wissen.
Auf meiner Hand die weiße Taube.
möcht' ihr Lächeln nimmer missen.

Zu glauben ist vernommene Einheit.
Im Sinnen spürt der tiefste Untergrund,
die Tore nicht öffnen zu können. Es ist an der Zeit,
Plagiate gebären sich als Symbole im Mund.

Von der Vielheit, dem Worte Leben,
betöre ich den Selbstbetrug, das Wahre
an der Reling zu entäußern. Über Bord

im Wellengetöse, vernünftiges Streben
als Gerüst zu planen, für die Wechseljahre
zu wissen: Vielheit und Einheit = 1 Wort.

III

Es blieb die Zahl

Objekt ist, ganz allgemein Ergänzung:
in der Grammatik, im Satze Teil.
Im Begriff der mannigfaltigen Abgrenzung
einer gegebenen Anschauung, Keil

geworden, ein Abriss der Verwaltung
das Subjekt im Außen zu beleben.
Die Ich-zu-Ich-Gestaltung
in die Besinnung hinaufzuheben:

nicht nur Wort zu sein.
In dem Sinne Teil werden
wie das Abc: allein ein Zeichen.

Das Andere im Text allein
ist Teilobjekt, Bestand des Herden-
Einmaleins: Wörterleichen!

IV

… Wahr und null, eine Einheit fürwahr …

Aufgemuckt wird auch die Null ein Vergessen
eine Zahl, Geschehen zu ahnden.
Als Erfasstes, Begehren, alles zu vermessen?
Nach dem göttlichen Wesen fahnden?

Den Lichtausgleich, das Andere
das Nichtzufassende SEIN
ins Wort hineinzuholen. Also wandere
ich, mich zu erfassen, ganz klein

am Limit des Erfassbaren auf und ab.
Dem Selbst einen Namen geben?
Oh Wunder, das Genie erfand

ein Gerücht. Wahrheit erklärte den Stab
sich zu erfassen. Und ich sah ein, Leben
auch das nur ein Wort: Ich verstand.

V

Empathie/Mitleid

OK ... Der Nihilist – mit Macht – er will
selbst im »goldenen Sessel« thronen,
um dort das neue alte Licht im Nihil
mit Opium sich siegreich zu belohnen.

Neue Grenzen wurden im Wort gezogen: DDR–BRD!
Der Sozialismus nahm Großvater zuerst sein Land
dann seine Kühe, Schweine und dann – OW –
seine Freunde, die Pferde. Da wand

sich sein Denken und Fühlen ein in das Staaten-
Reich. Im Krieg – ALLES – seinen Sohn: verloren!
Hoch lebe die Einheit im VEB.

Mein Patenonkel bewirtschaftete nachts mit Spaten
und Hacke seinen Restbestand, die letzten Poren,
bis zum Tode in Eis und Schnee!

*

... geboren für die Gemeinsamkeit: alle Zeit:
Empathie, die Fähigkeit, sich in andere hineinzuversetzen.

VI

Die DDR sollte ein Un-Rechtsstaat sein?
Nein, so stimmten sie mit allen Prozenten
dem Refugium zu: Staatsmacht ist der Verein,
Marxismus war Pflicht dem Dozenten

in einfachen Schulen bis hinauf ins Oberhaus.
Nach der Einigung schrie man auf beiden Seiten,
dass die DDR ein Unrechtsstaat war. Oh Graus:
Wie breit sollte man Recht noch weiten?

Hier wie dort hat der Staat sein Recht: gegeben.
Vom Volk durch die Wahl an den Urnen, ergab: ZAHL.
Wer, wo, wann entschied: Recht bleibt Recht im Wort?

Die Zwischenwelt entschied das Leben
per Kreuzchen – wie überall – DEMOKRATIE: die Wahl.
Mancher Mauertod ward später dann zum Mord!

*

… Recht jenseits aller Kategorien: und trotzdem Recht!
… Jedes Wort ist immer zuerst in der Zwischenwelt zu Hause
… ganz normal – menschlich gesehn! …

VII

Die Armut zu sprechen
ist die Angst, sich zu vermummen!
In den Hallen, in den Zechen
spür ich das Wort, im Gedanken zu verstummen.

Die Armut im Sichbekennen,
zu schweigen, dort, wo das Wort dir zeigt:
Alles ist aus dem Selbst zu benennen,
es verstummt, wenn die Seele schweigt.

Oft sprach ich in meiner Seele Belangen
das aus, was mich bedrückt'.
Niemand verstand es, da ich mich

offenbarte. Da fühlten sich die meisten befangen,
sie redeten nicht mehr. Entrückt
war ihr Sprechen, ihr eigenes Ich!

VIII

Geboren, das ist nur Symbol
ein Wort zu werden.
Grundlos wie der Weide Herden
eingekerkert in dem Wohl

Mächte zu beleuchten.
Die Augen dem Gesetz zu unterwerfen?
Die Macht der Politik zu schärfen?
Die eigenen Lider anzufeuchten?

Gesehen so: den »Barfuß-Prophet«,
Gandhi, mir Symbol
der Freiheit in sich. Er steht

am Gartenzaun und zählt des Volkes Wohl,
das Land gelebt, geliebt zu haben …
dann erschossen ihn die Schaben.

IX

Sokrates sagte, dass er nichts wüsste,
und gebar somit die Wahrheit in sich.
Dem Rest der Zweifelnden gab er das Ich
in die Hand, als Wesen in der Kruste

des Daseins: Mensch zu werden.
Nichtwissen zu erkennen ist mit Verlaub
ein kalkuliertes Ergehen im Staub
außerhalb der Herden,

das Gesicht Rilkes zu verstehen!
»Seinen Atem als das unbekannte Gedicht«
aus dem Nichtwissen heraus ins Licht

zu führen. Sokrates betrat das Vergehen,
die Annäherung an das Wort als transzendent,
Nichtwissen ins Wissen zu erheben: sein Element.

X

B 18 »Wer Unerhofftes nicht erhofft, kann
es nicht finden: Unauffindbar ist es und
unzugänglich!«

Also erhoffe ich weiter
das Irdische in die Hand zu nehmen.

Zwischen Hoffen und Nichthoffen
liegt der Zwischenschritt
in Klausur zu gehen

sich im Selbst zu betrachten.
Das Irdische nicht mit überirdisch
zu behaften.

In dem Moment vollzieht sich
die Linie, ohne Länge und Breite,
nach Euklid. Zerbrich

das Lichtmaß, dieses Unverhoffte
positiv zu ersinnen.
Der Pulsschlag –irdisch – wird

in jedem Falle überirdisch sein
im Hoffen zu Hoffen: Wort an Wort.

XI

Der, Das (eine »1«), Der Priel

Runderneuert forme ich die Wörter
und der Rahmen Ich steht wie ein Held davor.

In der Ohnmacht dieses Ich zu rahmen
fällt der Schnee vom Dach des Hauses
und wird Masse: All – ich und du!

Auf der Veranda steht im Hemd
»den Morgen zu begrüßen«
ein stilles unverblümt gedankenloses Wesen
menschenfremd.

Und befragt das All: »Was soll ich denken?«
Da befreit das Wölkchen, beladen bunt,
das Sonnenlicht im All zu lenken:
mit dem Brötchen-Bissen noch im Mund.

Runderneuert war mein Wort, das Ränkespiel
mit Vielheit auch die Einheit zu benennen:
die Träne Morgenglück als PRIEL
fließend, runderneuert im Meer zu erkennen.

Dann? Kam die Flut und der PRIEL
gab seine Ufer seiner Einheit Wort, der Flut.
Jetzt wartet auf die Ebbe er, das ist sein Ziel,
Einzelner im Wattenmeer, wieder PRIEL zu sein: gut,

so bieten die Gezeiten Masse und Einheit im Wort-Geheiß.
Der PRIEL ist 1, das Meer, und auch 2: ich weiß!

XII
Gedichte

Dichter, immer dichter
und doch am Wort vorbei

fing der Schrei, im All verloren
Metamorphosen für mich ein.

Das Orakel sprach in höchsten Tönen,
Nixen wirbelten im Meeresschaum,

meine Hände, dem Bleistift ergeben,
erweckten meine Sinne zum Leben mir.

Auf dem Weiß des Papiers ein Gesicht,
mein Gedicht. Es begann zu leben.

fragte mich: »Warum ziehst du wieder mich
aus den Fluten des Abc, Form zu sein?«

Gedichte laufen wie kleine Geburten durch
die Hand aufs Papier, bewegen sich plötzlich

und vor der Tür steht unausweichlich ein Wesen,
das mit dir gemeinsam lesen möchte, das,

was Dir widerfuhr. Geboren: ich. So frage
dich, was machst du mit all den Keimen

der Übergeburt, mit all den Reimen, die
immer dichter und dichter werden, um am Schluss
Gesicht zu sein?

XIII

Dis-Harmonie: dieses Fleckchen Erde?

Ich lasse mich tragen
weit hinaus in die Hemisphäre,
um das Unken der Hierheit zu fragen:
»Ist es wahr oder nur eine Schimäre,

die den Himmel bevölkern mögen?«
Das Unverknüpfte am Faden
in Verbindung mit all den Bögen
zu verstehen als Schnitt der Maden:

das Harmonische im Drall?
In der Endrunden-Schicht zu beginnen!
Wundervolle Harmonie ist auf jeden Fall

zu verweisen, das Ertappte als Karneval
der Tagesordnung zu besingen. In Reimen:
das Unverknüpfte – »ein Spiel« mit dem Ball!

XIV

Auf dem Wege, per Bus und Troika,
von Moskau nach Wladimir, der alten Hauptstadt
Russlands.

Arkadische Töne auf der Straße des Lebens.

Es gibt einen einzigen Ton
… in der Musik …
das Volkslied Russlands,
das Lied der Sonne, in
Neapel »zu Hause« den
FADO-Gesang Portugals
und die Seelensprache Lied
auf der ganzen Welt.
… Sie … Er … Es … verbindet.

Ich spürte ihn als Kind
in einem Dorf, dort, wo
sich zwei Flüsse treffen,
wo ich als kleiner Junge
mit einem russischen
Kriegsgefangenen, der
bei meinen Großeltern
zwangseinquartiert war:
Erntehilfe
zu leisten, da spürte ich
diesen Ton, ohne
damals zu wissen, was
(wie) mir geschah!

Wo er ging, stand, arbeitete,
da malte er Kinder-
Gesichter an die Wand:
Schreie, Hilferufe, wunder-
same Töne, die den Raum
Dorf füllten. Eine unendliche
Melodie verband uns. Ein
paar fremdländische Töne – dort –
ein Kinderlied über meine Lippen
geträllert – hier – und doch
Einheit ein einziger Ton.

Irgendwo töteten sich Russen –
Deutsche – bestialisch – und
auch sie hatten (haben) diesen
Ton in sich, und mussten
Ihn unterbinden, um
das gemeinsame Lied, das
überall auf der Welt seinen
gemeinsamen Ton hat, unterdrücken.

Denke ich an russische Kriegs-
Gefangene, dann sehe ich
dieses kleine Dorf (mein
Kinderdorf) in Deutschland, das
ebenso im fernen Russland
sein Zuhause hat, so
wie ich's selbst er-
leben durfte, eine Troikafahrt
durch den eiskalten Winter
bei Wladimir. Schnee
knirschte unter den Kufen
der drei Pferde, die einen

Schlitten zogen. Er hinterließ
eine Spur, Notenlinien für
diesen einen Ton.

Die Wodkaflasche kreiste. Nicht
ganz Herr meiner Sinne,
flog dieses Lied in den Abend.
Dunkle Wälder flogen vorbei. Ab
und an eine kleine Datscha: ein
Licht in irgendeinem Fenster
einer kleinen Kate, die abseits
in der Dunkelheit in mir
das Lied Neapels wachrief.

Eine einsame Träne, unbemerkt
für meine Mitreisenden der
Troika-Gruppe, floss dahin ...

in jenes ferne wundersame Land:
»Einmal Arkadien und zurück.«

XV

Versteinerte Tränen

Ich schlug die Seite meines Lebens auf,
in der die Tränen Liebe ergeben.

Lerche steige hoch hinauf,
falle wie Stein, um
Wort zu werden.

Aufschlag: Töne würgen.
Jetzt beginnt der Sinn im Auf-
Stieg innen frei zu sein.

Auf einem Müllberg, abgeschlachtet
Fleisch, das ist das Spiegelbild: TV.
Ich kann schon lange nicht das
salzige Nass ins Auge mir gebären.

Wo bist du geblieben: Träne?
Versandet ist der Lichtkanal:
Lerche, steige hoch hinauf!

XVI

Der Bach der Kindheit

Vor einem Bachlauf zähl ich die
Sekunden. Ein Teich weht langsam
in die Zeit.

Ich zähl die Male, die ich hier
gesunden durfte, sie sind Teile
dieser Ewigkeit.
So addieren sich die Jahre.
Ein Bach im Wellenkräuseln
erinnert an die Falten: Zeit.

Manches Mal zähl ich das Sonnen-
Blinzeln in dem Blätterdach
der alten Weide:
Ewigkeit, du Augenblick!

XVII

Großmutters alte Bauernkate

Wieder und wieder
eingefangen, eingeholt
durch Zeit, sitze ich
an jenem Tische,
Zierde der Vergangenheit.

Wieder und wieder
bringt die eingeholte Zeit,
dieses Stück Vergangenheit,
in das Heute mich zurück.

Wieder und wieder
geh ich still allein
einen Schritt vors Haus.
Ich ertappe mich dabei,
eins zu sein
mit jener Zeit –
und ich schaue doch
voraus …!

XVIII

Der Sumpf   (x)

Hindurch? Oder hinüber?
Als Kind kannte ich den
Übergang durch den Sumpf.

Jedes Büschel, jede Sode,
war sie auch noch so
marode, hielt dem Fuße stand.

Im Zickzack überquerte ich den Sumpf:
als Kind!

Hindurch? Oder hinüber?
Als Erwachsener lebte ich die Gefahr,
die Jahr für Jahr
mich verschlang im Sumpf.

Kein Büschel, keine Sode
war sie auch noch so stark,
hielt stand, und ich versank:

im Zickzack, bis das Alter mich fand!
Ich blieb stehen. Schaute hinüber
und der Verstand flutete im Licht
hinüber … und ich verstand.

XIX

Das Gewesene ist immer wahr:
Es war.
Die Gegenwart liegt im Kreis herum
und streitet mit der Vergangenheit,
die Zukunft zu betönen.

Musik, welch ein Lichtfunke
verschmilzt das Antlitz in die Zeit hinaus.
Eingereiht den Tropfen Helligkeit
in den Tag hineinzunehmen, er, der einst
zum Meer wurd – Masse: WORT!

Selbst das Unwahrste
wurde durch die Zeit allein:
Sie war! Dadurch wurde ES wahr ... usf.

Das War macht auch das Unwahrste wahr:
durch die Tatsache: *Sie* war ...
gewesen!

XX

Die Geschichte ist immer wahr
dieweil Geschichte
stets Vergangenheit.

Die Zukunft schließt demnach
noch das Wahre
und das
Unwahre ein.

Darum wird Geschichte
nie allein die
Zukunft sein!

Geschichte und Wahrheit?
Spielmodelle
der Geschicklichkeit:

Recht zu benennen.

XXI

Revolutionen

Es gibt die sogenannten Revolutionen.
Jetzt denkt der Pöbel Mensch:
Ha, ha, jetzt regieren WIR.
Es sind doch immer die
Herrschenden, die unterdrücken wollen
sie, die in jenen Positionen
christlich; jüdisch, RAF, IS usw.
das Land beherrschen wollen, zum
eignen Wohle: »Seht her, ich bin der Herr
und du der Knecht, Genosse usf.«, denn
Sklave ist in der Zeit noch verpönt.

Dann stößt der Nächste sie (ihn) vom Throne,
eine neue Revolution beginnt.
Die Namen ändern sich in allen Positionen.
Die Menschen aber bleiben, wie sie sind.
Das ist das Alte an den Revolutionen,
von Kirche angefangen bis hinauf
zum Königshaus. Es herrschen die,
die herrschen wollen; sie, die dies könnten,
bleiben königlich ZUHAUS.

XXII

In der Ungereimtheit
sich dem Ich zu beugen
flieht die Eingenommenheit
im Ich zu sein

wie ein Mondscheinlächeln
in die Feder meines Denkens
und? Wird wieder Stein an Stein,
ein buntes Bildchen: Mosaik!

Die Sternenvielfalt eines Augenblickes
eingefangen in ein JETZT von Zeit
und Sein, sie beginnt die Sinne
zu beglücken, aufzusehen ...

abzulassen von dem Schein
außerhalb des Wortes Stein zu sein!

XXIII

Theoretische Vernunft

Ich sah das Wesen
ein Synonym.
Da trat ich im Gewesen
ein in dieses Ungetüm

zog eine Wand ganz gelinde
hinauf, Wesen zu erkennen.
Da trieben mich mächtige Winde
die Schwüre zu benennen,

Worte, die ich einst eingab
Chiffren zu lösen.
Ich schwieg, mit der Kraft

die das Licht mir sandte, fernab
des flammenden Dösen ...
und trank den meinen Atem: Lebenssaft!

XXIV

Unberührtes Blühen!

Mein Gedicht ist die Stille
zwischen zwei Atemzügen.

Mein Gedicht ist der Lärm der Stille
der das Blühen bringt aufs Papier.

Mein Gedicht ist der Übergang
von Sein und Zeit

zum Bild, die Knospe in Blüten
umzuwandeln! Mein Gedicht ist:

»Ich liebe, also lebe ich!«

Ausklang

Für Menschenohren viel zu fein.

Vor meiner Höhle, die
aus reinem Licht gezimmert,
wo jeder Nagel Licht mir war:
Lichtidee, sitz ich und
trinke mir den Alltag
aus der Seele, wenn ich
der Erde Kriege seh!

Umnachtung lässt den Himmel
rot, von Blut getränkt, erschüttern
und auch der Mensch, der mir
in jungen Jahren selbst noch –
dieser Nagel – Licht – mit
dem ich all die dunklen Kämpfe
hell gestaltete: Vorbei!

Die Nägel Licht, sie wurden Teller-
Minen. Das Höhlengleichnis blut-
bespritzt allein durch Zeit.
Die Menschen sich in Endloskriegen
weltverteilt ermordeten! Die Höhle
blutbesudelt: ein Kalenderblatt!
Und ich? Ich sitze immer noch
an dieser Stelle, eingefangen von
der Lichtidee zu seh'n. Doch
jeder Krieg wurd' Gitterstab der Zelle,
die einst aus reinstem Licht gezimmert war.

Nachwort

Letzte Seite

Wenn ich das Nichts auflöse? Wohin?
In das Nichts, sagte der Nihilist.
Und da stand ich – sehend –
erlöste das Nichts als Kategorie.

> Die Quintessenz daraus
> ergab das Wesentliche aus der Sache:
> Da löschte ich die Kategorie – Wort
> in die Nacht. Und es wurde Tag!

»Man sollte nicht ständig am Wort hängen
sonst würde man all die Nichtwörter
übersehen, die irgendwann aus dem Schweigen
heraus uns Antwort geben möchten!«